ESPAÑA
INVERTEBRADA

Obras de José Ortega y Gasset
Colección editada por Paulino Garagorri
(nuevas ediciones revisadas y ampliadas con textos inéditos)

Publicadas:

1. *Sobre la razón histórica* (obra inédita).
2. *La rebelión de las masas.*
3. *La idea de principio en Leibniz y la evolución de la teoría deductiva.*
4. *Una interpretación de la historia universal. (En torno a Tonynbee).*
5. *¿Qué es filosofía?*
6. *Papeles sobre Velázquez y Goya.*
7. *Estudios sobre el amor.*
8. *El hombre y la gente.*
9. *Ensayos sobre la «generación del 98» y otros escritores españoles contemporáneos.*
10. *La deshumanización del arte.*
11. *Meditación del pueblo joven y otros ensayos sobre los pueblos americanos.*
12. *Origen y epílogo de la filosofía.*
13. *España invertebrada.*
14. *Unas lecciones de metafísica.*
15. *Historia como sistema.*
16. *El tema de nuestro tiempo.*
17. *Meditaciones del Quijote.*
18. *En torno a Galileo.*
19. *Ideas sobre el teatro y la novela.*
20. *Investigaciones psicológicas* (obra inédita).
21. *Meditación de la técnica y otros ensayos sobre ciencia y filosofía.*
22. *Misión de la Universidad.*
23. *Kant - Hegel - Scheler.*
24. *Goethe - Dilthey.*

En prensa:

¿Qué es el conocimiento?
Europa y la Idea de Nación.

ORTEGA Y GASSET

ESPAÑA INVERTEBRADA

BOSQUEJO DE ALGUNOS PENSAMIENTOS HISTORICOS

REVISTA DE OCCIDENTE EN
ALIANZA EDITORIAL

Primera edición en «La lectura», Calpe: 1922
Primera edición en «Obras de José Ortega y Gasset»: 1981
Segunda edición en «Obras de José Ortega y Gasset»: 1983

© Herederos de José Ortega y Gasset
© Revista de Occidente, S. A., Madrid, 1981
© Alianza Editorial, S. A., Madrid, 1981, 1983
   Calle Milán, 38; ☎ 200 00 45
   ISBN: 84-206-4113-8
   Depósito legal: M. 17.964-1983
   Impreso en Closas-Orcoyen, S. L. Polígono Igarsa
   Paracuellos del Jarama (Madrid)
   Printed in Spain

INDICE

APÉNDICE.—*El poder social* [El caso de España]

NOTA PRELIMINAR

Los dos prólogos que a la segunda y cuarta edición de este libro antepuso Ortega, y que aquí se reproducen, contienen explicaciones y precisiones suficientes para que resulte ocioso anteponerle más preliminares.

Tan sólo me permito subrayar un rasgo. El tema del libro es España, pero analizada en una amplia perspectiva histórica y valiéndose de principios teóricos. A pesar, pues, de lo que la cuestión tiene de doméstica y batallona, el libro no es nada fácil ni provinciano, y la validez de sus análisis excede a las circunstancias concretas que, a veces, sirven de ejemplo. La perspectiva histórica no sólo incluye nuestro propio y entero pasado sino, esencialmente, el proceso de la cultura europea y su grave crisis contemporánea. Se trata, pues, de unas páginas ejemplares sobre los requisitos indispensables a la efectiva comprensión histórica de la trayectoria de la sociedad española. Además, la segunda parte de este libro anticipa La rebelión de las masas, que resulta anunciado en el prólogo de 1922, y varios conceptos metódicos que en ese gran libro prueban su rendimiento. Por ejemplo, el de «masa» y el de «minoría». Si el lector se percata bien del quid pro quo delatado al comienzo del *capítulo «Ejemplaridad y docilidad» evitará mal entendidos harto generalizados sobre nociones que quizá hoy más que nunca requieren clara comprensión.*

La influencia de estas páginas en nuestra historiografía ha sido muy grande, y han sido el punto de partida de ulteriores y resonantes polémicas acerca del singular destino de la nación española.

Esta nueva edición va revisada conforme a los originales, incluye una «Conclusión» (pág. 74 y ss.) que nunca se había reproducido, y le agrego como Apéndice la serie de artículos sobre «El poder social», en que Ortega alude a este libro y desarrolla un tema planteado en el capítulo primero de su segunda parte[1].

PAULINO GARAGORRI.

---

[1] En la nota de la página 74 hago constar las fechas en que se publicaron los artículos de los que, en parte, procede este libro. Por cierto, las referencias bibliográficas de la primera edición del libro señalan unas veces la fecha de 1921 y otras la de 1922. Ocurre que en la cubierta figura la segunda, que es la exacta, pero la primera es la que aparece en la portada.

PROLOGO A LA SEGUNDA EDICION

Este libro, llamémosle así, que fue remitido a las librerías en mayo, necesita ahora, según me dicen, nueva edición. Si yo hubiese podido prever para él tan envidiable fortuna, ni lo habría publicado, ni tal vez escrito. Porque, como en el texto reiteradamente va dicho, no se trata más que de un ensayo, de un índice sumamente concentrado y casi taquigráfico de pensamientos. Ahora bien, los temas a que éstos aluden son de tal dimensión y gravedad, que no se les debe tratar ante el gran público sino con la plenitud de desarrollo y esmero que les corresponde.

Pero al escribir estas páginas nada estaba más lejos de mis aspiraciones que conquistar la atención del gran público. Obras de índole ideológica como la presente suelen tener en nuestro país un carácter confidencial. Son libros que se publican al oído de unos cuantos. Esta intimidad entre el autor y un breve círculo de lectores afines permite a aquel, sin avilantez, dar a la estampa lo que, en rigor, es sólo una anotación privada, exenta de cuanto constituye la imponente arquitectura de un libro. A este género de publicaciones confidenciales pertenece el presente volumen. Las ideas que transmite y que forman un cuerpo de doctrina se habían ido formando en mí lentamente. Llegó un momento en que necesitaba libertarme de ellas comunicándolas, y, temeroso de no hallar holgada ocasión para proporcionarles el debido desarrollo, no me pareció ilícito que quedasen sucintamente indicadas en unos cuantos pliegos de papel.

Al encontrarse ahora este ensayo con lectores que no estaban previstos, temo que padezca su contenido algunas malas interpretaciones. Pero el caso es sin remedio, ya que otros trabajos me impiden, hoy como ayer, construir el edificio de un libro según el plano que estas páginas delinean. En tanto que llega mejor coyuntura para intentarlo, me he reducido a revisar la primera edición, corrigiendo el lenguaje en algunos lugares e introduciendo algunas ampliaciones que aumentan el volumen en unas cuarenta páginas.

Mas hay dos cosas sobre que quisiera desde luego prevenir la benevolencia del lector.

Se trata en lo que sigue de definir la grave enfermedad que España sufre. Dado este tema, era inevitable que sobre la obra pesase una desapacible atmósfera de hospital. ¿Quiere esto decir que mis pensamientos sobre España sean pesimistas? He oído que algunas personas los califican así y creen al hacerlo dirigirme una censura; pero yo no veo muy claro que el pesimismo sea, sin más ni más, censurable. Son las cosas a veces de tal condición, que juzgarlas con sesgo optimista equivale a no haberse enterado de ellas. Dicho sin ambages, yo creo que en este caso se encuentran casi todos nuestros compatriotas. No es la menor desventura de España la escasez de hombres dotados con talento sinóptico suficiente para formarse una visión íntegra de la situación nacional donde aparezcan los hechos en su verdadera perspectiva, puesto cada cual en el plano de importancia que les es propio. Y hasta tal punto es así, que no puede esperarse ninguna mejora apreciable en nuestros destinos mientras no se corrija previamente ese defecto ocular que impide al español medio la percepción acertada de las realidades colectivas. Tal vez sea yo quien se encuentra perdurablemente en error; pero debo confesar que sufro verdaderas congojas oyendo hablar de España a los españoles, asistiendo a su infatigable tomar el rábano por las hojas. Apenas hay cosa que sea justamente valorada: se da a lo insignificante una grotesca importancia, y, en cambio, los hechos verdaderamente representativos y esenciales apenas son notados.

No debiera olvidarse un momento que en la comprensión de la realidad social lo decisivo es la perspectiva, el valor que a cada elemento se atribuya dentro del conjunto. Ocurre lo mismo que en la psicología de los caracteres individuales. Poco más o menos, los mismos contenidos espirituales hay en un hombre que en otro. El repertorio de pasiones, deseos, afectos nos suele ser común; pero en cada uno de nosotros las mismas cosas están situadas de distinta manera. Todos somos ambiciosos; mas en tanto que la ambición del uno se halla instalada en el centro y eje de su personalidad, en el otro ocupa una zona secundaria, cuando no periférica. La diferencia de los caracteres, dada la homogeneidad de la materia humana, es ante todo una diferencia de localización espiritual. Por eso, el talento psicológico consiste en una fina percepción de los lugares que dentro de cada individuo ocupan las pasiones; por lo tanto, en un sentido de la perspectiva.

El sentido para lo social, lo político, lo histórico, es del mismo linaje. Poco más o menos, lo que pasa en una nación pasa en las demás. Cuando se subraya un hecho como específico de la condición española, no falta nunca algún discreto que cite otro hecho igual acontecido en Francia, en Inglaterra, en Alemania, sin advertir que lo que se subraya no es el hecho mismo, sino su peso y rango dentro de la anatomía nacional. Aun siendo, pues, aparentemente el mismo, su diferente colocación en el mecanismo colectivo lo modifica por completo. Eadem sed aliter: las mismas cosas, sólo que de otra manera; tal es el principio que debe regir las meditaciones sobre sociedad, política, historia.

La aberración visual que solemos padecer en las apreciaciones del presente español queda multiplicada por las

erróneas ideas que del pretérito tenemos. Es tan desmesu-
rada nuestra evaluación del pasado peninsular, que por
fuerza ha de deformar nuestros juicios sobre el presente.
Por una curiosa inversión de las potencias imaginativas,
suele el español hacerse ilusiones sobre su pasado en vez de
hacérselas sobre el porvenir, que sería más fecundo. Hay
quien se consuela de las derrotas que hoy nos inflingen los
moros, recordando que el Cid existió, en vez de preferir
almacenar en el pasado los desastres y procurar victorias
para el presente. En nada aparece tan claro este nocivo
influjo del antaño como en la producción intelectual.
¡Cuánto no ha estorbado y sigue estorbando para que
hagamos ciencia y arte nuevos, por lo menos actuales, la
idea de que en el pasado poseímos una ejemplar cultura,
cuyas tradiciones y matrices deben ser perpetuadas!

Ahora bien: ¿no es el peor pesimismo creer, como es
usado, que España fue un tiempo la raza más perfecta, pero
que luego declinó en pertinaz decadencia? ¿No equivale esto
a pensar que nuestro pueblo tuvo ya su hora mejor y se
halla en irremediable decrepitud?

Frente a ese modo de pensar, que es el admitido, no
pueden ser tachadas de pesimismo las páginas de este
ensayo. En ellas se insinúa que la descomposición del poder
político logrado por España en el siglo XVI no significa,
rigorosamente hablando, una decadencia. El encumbramiento de nuestro pueblo fue más aparente que real, y, por
lo tanto, es más que real aparente su descenso. Se trata de
un espejismo peculiar a la historia de España, espejismo
que constituye precisamente el problema específico pro-
puesto a la atención de los meditadores nacionales.

La otra advertencia que quisiera hacer al lector queda ya
iniciada en lo que va dicho. Al analizar el estado de
disolución a que ha venido la sociedad española, encontramos algunos síntomas e ingredientes que no son exclusivos
de nuestro país, sino tendencias generales hoy en todas las
naciones europeas. Es natural que sea así. Las épocas
representan un papel de climas morales, de atmósferas
históricas a que son sometidas las naciones. Por grande que

sea la diferencia entre las fisonomías de éstas, la comunidad de época les impone ciertos rasgos parecidos. Yo no he querido distraer la atención del lector distinguiendo en cada caso lo que me parece fenómeno europeo de lo que juzgo genuinamente español. Para ello habría tenido que intentar toda una anatomía de la época en que vivimos, corriendo el riesgo de dejar desenfocada, sobre tan largo paisaje, la silueta de nuestro problema nacional.

Ciertamente que el tema —una anatomía de la Europa actual— es demasiado tentador para que un día u otro no me rinda a la voluptuosa faena de tratarlo. Habría entonces de expresar mi convicción de que las grandes naciones continentales transitan ahora el momento más grave de toda su historia. En modo alguno me refiero con esto a la pasada guerra y sus consecuencias. La crisis de la vida europea labora en tan hondas capas del alma continental, que no puede llegar a ellas guerra ninguna, y la más gigantesca o frenética se limita a resbalar tangenteando la profunda víscera enferma. La crisis a que aludo se había iniciado con anterioridad a la guerra, y no pocas cabezas claras del continente tenían ya noticia de ella. La conflagración no ha hecho más que acelerar el crítico proceso y ponerlo de manifiesto ante los menos avizores.

A estas fechas, Europa no ha comenzado aún su interna restauración. ¿Por qué? ¿Cómo es posible que los pueblos capaces de organizar tan prodigiosamente la contienda se muestren ahora tan incapaces para liquidarla y organizar de nuevo la paz? Nada más natural, se dice: han quedado extenuados por la guerra. Pero esta idea de que las guerras extenúan es un error que proviene de otro tan extendido como injustificado. Por una caprichosa decisión de las mentes, se ha dado en pensar que las guerras son un hecho anómalo en la biología humana, siendo así que la historia lo presenta en todas sus páginas como cosa no menos normal, acaso más normal que la paz. La guerra fatiga, pero no extenúa: es una función natural del organismo humano, para la cual se halla este prevenido. Los desgastes que ocasiona son pronto compensados mediante el poder de *propia regulación que actúa en todos los fenómenos vitales. Cuando el esfuerzo guerrero deja extenuado a quien lo produce, hay motivo para sospechar de la salud de este.*

Es, en efecto, muy sospechosa la extenuación en que ha caído Europa. Porque no se trata de que no logre dar cima a la organización que se propone. Lo curioso del caso es que no se la propone. No es, pues, que fracase su intento, sino que no intenta. A mi juicio, el síntoma más elocuente de la hora actual es la ausencia en toda Europa de una ilusión hacia el mañana. Si las grandes naciones no se restablecen es porque en ninguna de ellas existe el claro deseo de un tipo de vida mejor que sirva de pauta sugestiva a la recomposición. Y esto, adviértase bien, no ha pasado nunca en Europa. Sobre las crisis más violentas o más tristes ha palpitado siempre la lumbre alentadora de una ilusión, la imagen esquemática de una existencia más deseable. Hoy en Europa no se estima el presente: instituciones, ideas, placeres saben a rancio. ¿Qué es lo que, en cambio, se desea? En Europa hoy no se desea. No hay cosecha de apetitos. Falta por completo esa incitadora anticipación de un porvenir deseable, que es un órgano esencial en la biología humana. El deseo, secreción exquisita de todo espíritu sano, es lo primero que se agosta cuando la vida declina. Por eso faltan al anciano, y en su hueco vienen a alojarse las reminiscencias.

Europa padece una extenuación en su facultad de desear que no es posible atribuir a la guerra. ¿Cuál es su origen? ¿Es que los principios mismos de que ha vivido el alma continental están ya exhaustos, como canteras desventradas? No he de intentar responder ahora a esas preguntas que tanto preocupan hoy a los espíritus selectos. He rozado la cuestión para advertir nada más que a los males españoles descritos por mí no cabe hallar medicina en los grandes pueblos actuales. No sirven de modelos para una renovación porque ellos mismos se sienten anticuados y sin un futuro incitante. Tal vez ha llegado la hora en que va a tener más sentido la vida en los pueblos pequeños y un poco bárbaros. Permítaseme que deje ahora inexplicada esta frase de contornos sibilinos. Antes conviene —puesto que se han abierto un camino inesperado hasta el gran público— que produzcan todo su efecto las páginas de este libro, llamémosle así.

Octubre 1922.

PROLOGO A LA CUARTA EDICION

Hace varios años se agotaron los ejemplares de esta obra, y he pensado que acaso conviniera su lectura a una nueva generación de lectores. Estas páginas, en rigor, son ya viejas: comenzaron a publicarse en El Sol, en 1920. Datan, pues, de casi quince años y, como Tácito sugiere, «quince años son una etapa decisiva del tiempo humano»: per quindecim annos, grande mortalis aevi spatium.

Quince años no es una cifra cualquiera, sino que significa la unidad efectiva que articula el tiempo histórico y lo constituye. Porque historia es la vida humana en cuanto que se halla sometida a cambios de su estructura general. Pues bien: la estructura de la vida se transforma siempre de quince en quince años. Es cuestión secundaria cuántas cosas continúen o desaparezcan en el paso de uno de esos períodos al siguiente; lo decisivo es que cambia la organización general, la arquitectura y perspectiva de la existencia. Casi fuera expresión estricta de la verdad decir que la palabra «vida humana», referida a 1920 y a 1934, significa cosas muy diferentes; porque, en efecto, la faena de vivir, que es siempre tremebunda, consiste hoy en apuros y afanes muy otros que los de hace quince años[1].

Sería, pues, lo más natural que estas páginas resultasen hoy ilegibles, ya que no son lo bastante arcaicas para acogerse a los beneficios de la arqueología. Mas también puede acaecer lo contrario: que estas páginas fuesen en 1920 extemporáneas; que hubiesen representado entonces una anticipación y sólo en la fecha presente encontrasen su hora oportuna.

Cuando menos, cabe asegurar que no pocas de las ideas insinuadas por vez primera en estos artículos tardaron años en brotar fuera de España y desde allí refluir hacia nuestra Península. Algunas valen hoy como «la última palabra», a pesar de que en este volumen, tan viejecito y tan sin pretensiones, estaban ya inclusive con su palabra, con su bautismo terminológico. Sólo les faltaba algo que han recibido fuera: su falsificación, su desmesuramiento y su petrificación en tópicos.

Debo decir que a mí, de todas esas ideas, las que hoy me interesan más son las que todavía siguen siendo anticipaciones y aún no se han cumplido ni son hechos palmarios. Por ejemplo: el anuncio de que cuanto hoy acontece en el planeta terminará con el fracaso de las masas en su pretensión de dirigir la vida europea. Es un acontecimiento que veo llegar a grandes zancadas. Ya a estas horas están haciendo las masas —las masas de toda clase— la experiencia inmediata de su propia inanidad. La angustia, el dolor, el hambre y la sensación de vital vacío las curarán de la atropellada petulancia que ha sido en estos años su único principio animador. Más allá de la petulancia descubrirán en sí mismas un nuevo estado de espíritu: la resignación, que es en la mayor parte de los hombres la única gleba fecunda y la forma más alta de espiritualidad a que pueden llegar. Sobre ella será posible iniciar la nueva construcción. Y entonces se verá, con gran sorpresa, que la exaltación de

[1] Las razones de todo ello pueden verse en mi libro *El método de las generaciones históricas*, que va aparecer en las publicaciones de la Cátedra Valdecilla. [Publicado con el título *En torno a Galileo*.]

las masas nacionales y de las masas obreras, llevada al paroxismo en los últimos treinta años, era la vuelta que ineludiblemente tenía que tomar la realidad histórica para hacer posible el auténtico futuro, que es, en una u otra forma, la unidad de Europa. Siempre ha acontecido lo mismo. Lo que va a ser la verdadera y definitiva solución de una crisis profunda es lo que más se elude y a lo que mayor resistencia se opone. Se comienza por ensayar todos los demás procedimientos y con predilección los más opuestos a aquella única solución. Pero el fracaso inevitable de éstos deja exenta, luminosa y evidente la efectiva verdad, que entonces se impone de manera automática, con una sencillez mágica.

Cuando este volumen apareció, tuvo mayores consecuencias fuera que dentro de España. Fui solicitado reiteradamente para que consintiese su publicación en los Estados Unidos, en Alemania y en Francia, pero me opuse a ello de modo terminante. Entonces los grandes países parecían intactos en su perfección, y este libro presentaba demasiado al desnudo las lacras del nuestro. Como puede verse en el prólogo a la segunda edición, publicada muy pocos meses después de la primera, yo sabía ya que muchas de estas lacras eran secretamente padecidas por aquellas naciones en apariencia tan ejemplares, pero hubiera sido inútil intentar entonces mostrarlo. Hay gentes que sienten una repugnante y hermética admiración hacia todo lo que parece en triunfo, y un desdén bellaco hacia lo que por el momento toma un aire de cosa vencida. Hubiera sido vano decir a estos adoradores de todos los Segismundos que Inglaterra, Francia, Alemania sufrirían de los mismos males que nosotros. Cuando hace diez años anuncié que en todas partes se pasaría por situaciones dictatoriales, que éstas eran una irremediable enfermedad de la época y el castigo condigno de sus vicios, los lectores sintieron gran conmiseración por el estado de mi caletre. Era, pues, preferible, si quería aclarar un poco lo que más me importaba y me urgía —los problemas de España—, renunciar a complicarlos con los menos patentes del ex-

tranjero. Mi obra era para andar por casa y debía quedar como un secreto doméstico. Hoy se ha visto que ciertos males profundos son comunes a todo el Occidente, y no me opondría ya a que estas páginas fuesen vertidas a otros idiomas.

Mas, con todo esto, no debe el lector creer que va a entrar en la lectura de un libro, lo que se llama, hablando en serio, un libro. Una vez y otra se hace constar en el texto la intención puramente pragmática que lo inspiró. Yo necesitaba para mi vida personal orientarme sobre los destinos de mi nación, a la que me sentía radicalmente adscrito. Hay quien sabe vivir como un sonámbulo; yo no he logrado aprender este cómodo estilo de existencia. Necesito vivir de claridades y lo más despierto posible. Si yo hubiese encontrado libros que me orientasen con suficiente agudeza sobre los secretos del camino que España lleva por la historia, me habría ahorrado el esfuerzo de tener que construirme malamente, con escasísimos conocimientos y materiales, a la manera de Robinson, un panorama esquemático de su evolución y de su anatomía. Yo sé que un día, espero que próximo, habrá verdaderos libros sobre historia de España, compuestos por verdaderos historiadores. La generación que ha seguido a la mía, dirigida por algún maestro que pertenece a la anterior, ha hecho avanzar considerablemente la madurez de esa futura cosecha. Pero el hombre no puede esperar. La vida es todo lo contrario de las Kalendas griegas. La vida es prisa. Yo necesitaba sin remisión ni demora aclararme un poco el rumbo de mi país a fin de evitar en mi conducta, por lo menos, las grandes estupideces. Alguien en pleno desierto se siente enfermo, desesperadamente enfermo. ¿Qué hará? No sabe medicina, no sabe casi nada de nada. Es sencillamente un pobre hombre a quien la vida se le escapa. ¿Qué hará? Escribe estas páginas, que ofrece ahora en cuarta edición a todo el que tenga la insólita capacidad de sentirse, en plena salud, agonizante y, por lo mismo, dispuesto siempre a renacer.

Junio 1934.

[Advertencia]

No creo que sea completamente inútil para contribuir a la solución de los problemas políticos distanciarse de ellos por algunos momentos, situándolos en una perspectiva histórica. En esta virtual lejanía parecen los hechos esclarecerse por sí mismos y adoptar espontáneamente la postura en que mejor se revela su profunda realidad.

En este ensayo de ensayo es, pues, el tema histórico y no político. Los juicios sobre grupos y tendencias de la actualidad española que en él van insertos no han de tomarse como actitudes de un combatiente. Intentan más bien expresar mansas contemplaciones del hecho nacional, dirigidas por una aspiración puramente teórica y, en consecuencia, inofensiva.

PRIMERA PARTE

PARTICULARISMO Y ACCION DIRECTA

1. INCORPORACION Y DESINTEGRACION

En la *Historia Romana* de Mommsen hay, sobre todos, un instante solemne. Es aquel en que, tras ciertos capítulos preparatorios, toma la pluma el autor para comenzar la narración de los destinos de Roma. Constituye el pueblo romano un caso único en el conjunto de los conocimientos históricos: es el único pueblo que desarrolla entero el ciclo de su vida delante de nuestra contemplación. Podemos asistir a su nacimiento y a su extinción. De los demás, el espectáculo es fragmentario: o no los hemos visto nacer, o no los hemos visto aún morir. Roma es, pues, la única trayectoria completa de organismo nacional que conocemos. Nuestra mirada puede acompañar a la ruda Roma *quadrata* en su expansión gloriosa por todo el mundo ecuménico, y luego verla contraerse en unas ruinas que no por ser ingentes dejan de ser míseras. Esto explica que hasta ahora sólo se haya podido construir una historia en todo el rigor científico del vocablo: la de Roma. Mommsen fue el gigantesco arquitecto de tal edificio.

Pues bien: hay un instante solemne en que Mommsen va a comenzar la relación de las vicisitudes de este pueblo ejemplar. La pluma en el aire, frente al blanco papel, Mommsen se reconcentra para elegir la primera frase, el compás inicial de su hercúlea sinfonía. En rauda procesión transcurre ante su mente la fila multicolor de los hechos romanos. Como en la agonía suele la vida entera del moribundo desfilar ante su conciencia, Mommsen, que había vivido mejor que ningún romano la existencia del Imperio latino, ve una vez más desarrollarse vertiginosa la dramática película. Todo aquel tesoro de intuiciones da el precipitado de un pensamiento sintético. La pluma suculenta desciende sobre el papel y escribe estas palabras: *La historia de toda nación, y sobre todo de la nación latina, es un vasto sistema de incorporación*[1].

Esta frase expresa un principio del mismo valor para la historia que en la física tiene este otro: la realidad física consiste últimamente en ecuaciones de movimiento. Calor, luz, resistencia, cuanto en la naturaleza no parece ser movimiento, lo es en realidad. Hemos entendido o explicado un fenómeno cuando hemos descubierto su expresión foronómica, su fórmula de movimiento.

Si el papel que hace en física el movimiento lo hacen en historia los procesos de incorporación, todo dependerá de que poseamos una noción clara de lo que es la incorporación.

Y al punto tropezamos con una propensión errónea, sumamente extendida, que lleva a representarse la formación de un pueblo como el crecimiento por dilatación de un núcleo inicial. Procede este error de otro más elemental que cree hallar el origen de la sociedad política, del Estado, en una expansión de la familia. La idea de que la familia es la célula social y el Estado algo así como una familia que ha engordado, es una rémora para el progre-

---

[1] En la edición alemana no se habla de «incorporación», sino de «synoikismo». La idea es la misma: *synoiquismo* es literalmente convivencia, ayuntamiento de moradas. Al revisar la traducción francesa, prefirió Mommsen una palabra menos técnica.

so de la ciencia histórica, de la sociología, de la política y de otras muchas cosas[1].

No; incorporación histórica no es dilatación de un núcleo inicial. Recuérdese a este propósito las etapas decisivas de la evolución romana. Roma es primero una comuna asentada en el monte Palatino y las siete alturas inmediatas: es la Roma Palatina, *Septimontium,* o Roma de la montaña. Luego, esta Roma se une con otra comuna frontera asentada sobre la colina del Quirinal, y desde entonces hay dos Romas: la de la montaña y la de la colina. Ya esta primera escena de la incorporación romana excluye la imagen de dilatación. La Roma total no es una expansión de la Roma palatina, sino la articulación de dos colectividades distintas en una unidad superior.

Esta Roma palatino-quirinal vive entre otras muchas poblaciones análogas, de su misma raza latina, con las cuales no poseía, sin embargo, conexión política alguna. La identidad de raza no trae consigo la incorporación en un organismo nacional, aunque a veces favorezca y facilite este proceso. Roma tuvo que someter a las comunas del Lacio, sus hermanas de raza, por los mismos procedimientos que siglos más tarde había de emplear para integrar en el Imperio a gentes tan distintas de ella étnicamente como celtíberos y galos, germanos y griegos, escitas y sirios. Es falso suponer que la unidad nacional se funda en la unidad de sangre, y viceversa. La diferencia racial, lejos de excluir la incorporación histórica, subraya lo que hay de específico en la génesis de todo gran Estado.

---

[1] En mi estudio, aún no recogido en volumen, «El Estado, la juventud y el Carnaval», expongo la situación actual de las investigaciones etnográficas sobre el origen de la sociedad civil. Lejos de ser la familia germen del Estado, es, en varios sentidos, todo lo contrario: en primer lugar, representa una formación posterior al Estado, y en segundo lugar, tiene el carácter de una reacción contra el Estado. [Publicado posteriormente, con el título «El origen deportivo del Estado», en el tomo VII de *El Espectador,* 1930.]

Ello es que Roma obliga a sus hermanas del Lacio a constituir un cuerpo social, una articulación unitaria, que fue el *foedus latinum,* la federación latina, segunda etapa de la progresiva incorporación.

El paso inmediato fue dominar a etruscos y samnitas, las dos colectividades de raza distinta limítrofes del territorio latino. Logrado esto, el mundo italiota es ya una unidad históricamente orgánica. Poco después, en rápido, prodigioso *crescendo,* todos los demás pueblos conocidos, desde el Cáucaso al Atlántico, se agregan al torso italiano, formando la estructura gigante del Imperio. Esta última etapa puede denominarse de colonización.

Los estadios del proceso incorporativo forman, pues, una admirable línea ascendente: Roma inicial, Roma doble, federación latina, unidad italiota, Imperio colonial. Este esquema es suficiente para mostrarnos que la incorporación histórica no es la dilatación de un núcleo inicial, sino más bien la organización de muchas unidades sociales preexistentes en una nueva estructura. El núcleo inicial, ni se traga los pueblos que va sometiendo, ni anula el carácter de unidades vitales propias que antes tenían. Roma somete las Galias; esto no quiere decir que los galos dejen de sentirse como una entidad social distinta de Roma y que se disuelvan en una gigantesca masa homogénea llamada Imperio romano. No; la cohesión gala perdura, pero queda articulada como una parte en un todo más amplio. Roma misma, núcleo inicial de la incorporación, no es sino otra parte del colosal organismo, que goza de un rango privilegiado por ser el agente de la *totalización.*

Entorpece sobremanera la inteligencia de lo histórico suponer que cuando de los núcleos inferiores se ha formado la unidad superior nacional, dejan aquéllos de existir como elementos activamente diferenciados. Lleva esta errónea idea a presumir, por ejemplo, que cuando Castilla reduce a unidad española a Aragón, Cataluña y Vasconia, pierden estos pueblos su carácter de pueblos distintos entre sí y del todo que forman. Nada de esto: sometimiento, unificación, incorporación, no significan muerte de los grupos como tales grupos; la fuerza de independencia que hay en ellos perdura, bien que sometida; esto es, contenido su poder centrífugo por la energía central que los obliga a vivir como partes de un todo y no como todos aparte. Basta con que la fuerza central, escultora de la nación —Roma en el Imperio, Castilla en España, la Isla de Francia en Francia—, amengüe, para que se vea automáticamente reaparecer la energía secesionista de los grupos adheridos.

Pero la frase de Mommsen es incompleta. La historia de una nación no es sólo la de su período formativo y ascendente: es también la historia de su decadencia. Y si aquélla consistía en reconstruir las líneas de una progresiva incorporación, ésta describirá el proceso inverso. La historia de la decadencia de una nación es la historia de una vasta desintegración.

Es preciso, pues, que nos acostumbremos a entender toda unidad nacional, no como una coexistencia interna, sino como un sistema dinámico. Tan esencial es para su mantenimiento la fuerza central como la fuerza de dispersión. El peso de la techumbre gravitando sobre las pilastras no es menos esencial al edificio que el empuje contrario ejercido por las pilastras para sostener la techumbre.

La fatiga de un órgano parece a primera vista un mal que éste sufre. Pensamos, acaso, que en un ideal de salud la fatiga no existiría. No obstante, la fisiología ha notado que sin un mínimum de fatiga el órgano se atrofia. Hace falta que su función sea excitada, que trabaje y se canse para que pueda nutrirse. Es preciso que el órgano reciba frecuentemente pequeñas heridas que lo mantengan alerta. Estas pequeñas heridas han sido llamadas «estímulos funcionales»; sin ellas, el organismo no funciona, no vive.

Del mismo modo, la energía unificadora, central, de *totalización* —llámese como se quiera—, necesita, para no debilitarse, de la fuerza contraria, de la dispersión, del impulso centrífugo perviviente en los grupos. Sin este estimulante, la cohesión se atrofia, la unidad nacional se disuelve, las partes se despegan, flotan aisladas y tienen que volver a vivir cada una como un todo independiente.

2. POTENCIA DE NACIONALIZACION

El poder creador de naciones es un *quid divinum,* un genio o talento tan peculiar como la poesía, la música y la invención religiosa. Pueblos sobremanera inteligentes han carecido de esa dote, y, en cambio, la han poseído en alto grado pueblos bastante torpes para las faenas científicas o artísticas. Atenas, a pesar de su infinita perspicacia, no supo nacionalizar el Oriente mediterráneo; en tanto que Roma y Castilla, mal dotadas intelectualmente, forjaron las dos más amplias estructuras nacionales.

Sería de gran interés analizar con alguna detención los ingredientes de ese talento nacionalizador. En la presente coyuntura basta, sin embargo, con que notemos que es un talento de carácter imperativo, no un saber teórico, ni una rica fantasía, ni una profunda y contagiosa emotividad de tipo religioso. Es un saber querer y un saber mandar.

Ahora bien: mandar no es simplemente convencer ni simplemente obligar, sino una exquisita mixtura de ambas cosas. La sugestión moral y la imposición material van íntimamente fundidas en todo acto de imperar. Yo siento mucho no coincidir con el pacifismo contemporáneo en su antipatía hacia la fuerza; sin ella no habría habido nada de lo que más nos importa en el pasado, y si la excluimos del porvenir sólo podremos imaginar una humanidad caótica. Pero también es cierto que con sólo la fuerza no se ha hecho nunca cosa que merezca la pena.

Solitaria, la violencia fragua pseudoincorporaciones que duran breve tiempo y fenecen sin dejar rastro histórico apreciable. ¿No salta a la vista la diferencia entre esos efímeros conglomerados de pueblos y las verdaderas, substanciales incorporaciones? Compárense los formidables imperios mongólicos de Genghis-Khan o Timul con la Roma antigua y las modernas naciones de Occidente. En la jerarquía de la violencia, una fuerza como la de Genghis-Khan es insuperable. ¿Qué son Alejandro, César o Napoleón, emparejados con el terrible genio de Tartaria, el sobrehumano nómada, domador de medio mundo, que lleva su *yurta* cosida en la estepa desde el Extremo Oriente a los contrafuertes del Cáucaso? Frente al Khan tremebundo, que no sabe leer ni escribir, que ignora todas las religiones y desconoce todas las ideas, Alejandro, César, Napoleón son propagandistas de la *Salvation Army*. Mas el Imperio tártaro dura cuanto la vida del herrero que lo lañó con el hierro de su espada; la obra de César, en cambio, duró siglos y repercutió en milenios.

En toda auténtica incorporación, la fuerza tiene un carácter adjetivo. La potencia verdaderamente substancial que impulsa y nutre el proceso es siempre un dogma nacional, *un proyecto sugestivo de vida en común*. Repudiemos toda interpretación estática de la convivencia nacional y sepamos entenderla dinámicamente. No viven juntas las gentes sin más ni más y porque sí; esa cohesión *a priori* sólo existe en la familia. Los grupos que integran un Estado viven juntos para algo: son una comunidad de propósitos, de anhelos, de grandes utilidades. No conviven *por estar juntos,* sino *para hacer* juntos algo. Cuando los pueblos que rodean a Roma son sometidos, más que por las legiones se sienten injertados en el árbol latino por una ilusión. Roma les sonaba a nombre de una gran empresa vital donde todos podían colaborar; Roma era un proyecto de organización universal; era una tradición jurídica superior, una admirable administración, un tesoro de ideas recibidas de Grecia que prestaban un brillo superior a la vida, un repertorio de nuevas fiestas y mejores placeres[1]. El día que Roma dejó de ser este

---

[1] A propósito del edicto de Caracalla de 212 d. de J. C., concediendo a los habitantes del Imperio el derecho de ciudadanía, escribe Bloch en

33

proyecto de cosas por hacer mañana, el Imperio se desarticuló.

No es el ayer, el pretérito, el haber tradicional, lo decisivo para que una nación exista. Este error nace, como ya he indicado, de buscar en la familia, en la comunidad nativa, previa, ancestral, en el pasado, en suma, el origen del Estado. Las naciones se forman y viven de tener un programa para mañana.

En cuanto a la fuerza, no es difícil determinar su misión. Por muy profunda que sea la necesidad histórica de la unión entre dos pueblos, se oponen a ella intereses particulares, caprichos, vilezas, pasiones y, más que todo esto, prejuicios colectivos instalados en la superficie del alma popular que va a aparecer como sometida. Vano fuera el intento de vencer tales rémoras con la persuasión que emana de los razonamientos. Contra ellas sólo es eficaz el poder de la fuerza, la gran cirugía histórica.

Es, pues, la misión de ésta resueltamente adjetiva y secundaria, pero en modo alguno desdeñable. Desde hace un siglo padece Europa una perniciosa propaganda en desprestigio de la fuerza. Sus raíces, hondas y sutiles, provienen de aquellas bases de la cultura moderna que tienen un valor más circunstancial, limitado y digno de superación. Ello es que se ha conseguido imponer a la opinión pública europea una idea falsa sobre lo que es la

---

un libro reciente: «El acto de 212 apareció a la larga en todo su verdadero alcance, considerado no tanto en sí mismo como en la serie de hechos de que era resultado y consagración; apareció como la suprema y definitiva expresión, como el coronamiento de la política liberal y generosa proseguida, con una constancia admirable, desde los primeros tiempos de la República. En este sentido habló de él San Agustín, y con la misma intención escribía el galo Rutilius Namatianus, en el momento en que el Imperio iba a derrumbarse, estos hermosos versos, los más bellos en que se ha glorificado la misión histórica de Roma:

> *Fecisti patriam diversis gentibus unam,*
> *Urbem fecisti quod prius orbis erat.»*

Bloch, *L'Empire romain,* 215 (1922).

fuerza de las armas. Se la ha presentado como cosa infrahumana y torpe residuo de la animalidad persistente en el hombre. Se ha hecho de la fuerza lo contrapuesto al espíritu, o, cuando más, una manifestación espiritual de carácter inferior.

El buen Heriberto Spencer, expresión tan vulgar como sincera de su nación y de su época, opuso al «espíritu guerrero» el «espíritu industrial», y afirmó que era éste un absoluto progreso en comparación con aquél. Fórmula tal halagaba sobremanera los instintos de la burguesía imperante, pero nosotros debiéramos someterla a una severa revisión. Nada es, en efecto, más remoto de la verdad. La *ética* industrial, es decir, el conjunto de sentimientos, normas, estimaciones y principios que rigen, inspiran y nutren la actividad industrial, es moral y vitalmente inferior a la *ética* del guerrero. Gobierna a la industria el principio de la utilidad, en tanto que los ejércitos nacen del entusiasmo. En la colectividad industrial se asocian los hombres mediante contratos, esto es, compromisos parciales, externos, mecánicos, al paso que en la colectividad guerrera quedan los hombres integralmente solidarizados por el honor y la fidelidad, dos normas sublimes. Dirige el espíritu industrial un cauteloso afán de evitar el riesgo, mientras el guerrero brota de un genial apetito de peligro. En fin, aquello que ambos tienen de común, la disciplina, ha sido primero inventado por el espíritu guerrero y merced a su pedagogía injertado en el hombre[1].

Sería injusto comparar las formas presentes de la vida industrial, que en nuestra época ha alcanzado su plenitud, con las organizaciones militares contemporáneas, que representan una decadencia del espíritu guerrero. Precisamente lo que hace antipáticos y menos estimables

---

[1] Uno de los hombres más sabios e imparciales de nuestra época, el gran sociólogo y economista Max Weber, escribe: «La fuente originaria del concepto actual de la ley fue la disciplina militar romana y el carácter peculiar de su comunidad guerrera.» (*Wirtschaft und Gesellschaft*, pág. 406; 1922.)

a los ejércitos actuales es que son manejados y organizados por el espíritu industrial. En cierto modo, el militar es el guerrero deformado por el industrialismo.

Medítese un poco sobre la cantidad de fervores, de altísimas virtudes, de genialidad, de vital energía que es preciso acumular para poner en pie un buen ejército. ¿Cómo negarse a ver en ello una de las creaciones más maravillosas de la espiritualidad humana? La fuerza de las armas no es fuerza bruta, sino fuerza espiritual. Esta es la verdad palmaria, aunque los intereses de uno u otro propagandista les impidan reconocerlo. La fuerza de las armas, ciertamente, no es fuerza de razón, pero la razón no circunscribe la espiritualidad. Más profundas que ésta, fluyen en el espíritu otras potencias, y entre ellas las que actúan en la bélica operación. Así, el influjo de las armas, bien analizado, manifiesta, como todo lo espiritual, su carácter predominantemente persuasivo. En rigor, no es la violencia material con que un ejército aplasta en la batalla a su adversario lo que produce efectos históricos. Rara vez el pueblo vencido agota en el combate su posible resistencia. La victoria actúa, más que materialmente, ejemplarmente, poniendo de manifiesto la superior calidad del ejército vencedor, en la que, a su vez, aparece simbolizada, significada, la superior calidad histórica del pueblo que forjó ese ejército[1].

Sólo quien tenga de la naturaleza humana una idea arbitraria tachará de paradoja la afirmación de que las legiones romanas, y como ellas todo gran ejército, han

_____

[1] No se oponga a esto la trivial objeción de que un pueblo puede ser más inteligente, sabio, industrioso, civil, artista que otro, y, sin embargo, bélicamente más débil. La calidad o rango histórico de un pueblo no se mide exclusivamente por aquellas dotes. El «bárbaro» que aniquila al romano decadente era menos sabio que éste, y, sin embargo, no es dudosa la superior calidad histórica de aquél. De todos modos, la opinión arriba apuntada alude sólo a la normalidad histórica que, como toda regla, tiene sus excepciones y su compleja casuística. [Véase el ensayo del autor, titulado «La interpretación bélica de la historia», de 1925, incluido en el tomo VI de *El Espectador,* Madrid, 1927.]

impedido más batallas que las que han dado. El prestigio ganado en un combate evita otros muchos, y no tanto por el miedo a la física opresión, como por el respeto a la superioridad vital del vencedor. El estado de perpetua guerra en que viven los pueblos salvajes se debe precisamente a que ninguno de ellos es capaz de formar un ejército y con él una respetable, prestigiosa organización nacional.

En tal sesgo, muy distinto del que suele emplearse, debe un pueblo sentir su honor vinculado a su ejército, no por ser el instrumento con que puede castigar las ofensas que otra nación le infiera; éste es un honor externo, vano, hacia afuera. Lo importante es que el pueblo advierta que el grado de perfección de su ejército mide con pasmosa exactitud los quilates de la moralidad y vitalidad nacionales. Raza que no se siente ante sí misma deshonrada por la incompetencia y desmoralización de su organismo guerrero, es que se halla profundamente enferma e incapaz de agarrarse al planeta.

Por tanto, aunque la fuerza represente sólo un papel secundario y auxiliar en los grandes procesos de incorporación nacional, es inseparable de ese estro divino que, como arriba he dicho, poseen los pueblos creadores e imperiales. El mismo genio que inventa un programa sugestivo de vida en común, sabe siempre forjar una hueste ejemplar, que es de ese programa símbolo eficaz y sin par propaganda*.

---

* [Los párrafos situados entre el espacio blanco precedente (pág. 34) y el que sigue proceden de un artículo del autor publicado en el *El Sol* el 14-11-1922 titulado «Nación y ejército». El artículo llevaba una entradilla en la que se decía: «Dentro de pocos días se publicará la segunda edición del ya famoso libro *España Invertebrada,* rápidamente agotada, de D. José Ortega y Gasset. Al entregarlo de nuevo a las prensas, el gran pensador ha creído conveniente hacer importantes adiciones al texto primitivo, que completan su pensamiento. Entre estas adiciones, encontramos una que nos parece de la mayor actualidad en estos momentos en que la nación contempla, entre atónita y apasionada, la situación del Ejército».]

Desde estos pensamientos, como desde un observatorio, miremos ahora en la lejanía de una perspectiva casi astronómica el presente de España.

3. ¿POR QUE HAY SEPARATISMO?

Uno de los fenómenos más característicos de la vida política española en los últimos veinte años ha sido la aparición de regionalismos, nacionalismos, separatismos; esto es, movimientos de secesión étnica y territorial. ¿Son muchos los españoles que hayan llegado a hacerse cargo de cuál es la verdadera realidad histórica de tales movimientos? Me temo que no.

Para la mayor parte de la gente, el «nacionalismo» catalán y vasco es un movimiento artificioso que, extraído de la nada, sin causas ni motivos profundos, empieza de pronto unos cuantos años hace. Según esta manera de pensar, Cataluña y Vasconia no eran antes de ese movimiento unidades sociales distintas de Castilla o Andalucía. Era España una masa homogénea, sin discontinuidades cualitativas, sin confines interiores de unas partes con otras. Hablar ahora de regiones, de pueblos diferentes, de Cataluña, de Euzkadi, es cortar con un cuchillo una masa homogénea y tajar cuerpos distintos en lo que era un compacto volumen.

Unos cuantos hombres, movidos por codicias económicas, por soberbias personales, por envidias más o menos privadas, van ejecutando deliberadamente esta faena de despedazamiento nacional, que sin ellos y su caprichosa labor no existiría. Los que tienen de estos movimientos secesionistas pareja idea, piensan con lógica consecuencia que la única manera de combatirlos es ahogarlos por directa estrangulación: persiguiendo sus ideas, sus organizaciones y sus hombres. La forma concreta de hacer esto es, por ejemplo, la siguiente: En Barcelona y Bilbao luchan «nacionalistas» y «unitarios»; pues bien: el Poder central deberá prestar la incontrastable fuerza de que como Poder total goza, a una de las partes contendientes; naturalmente, la unitaria. Esto es, al menos, lo que piden los centralistas vascos y catalanes, y no es raro oír de sus labios frases como éstas: «Los separatistas no deben ser tratados como españoles.» «Todo se arreglará con que el Poder central nos envíe un gobernador que se ponga a nuestras órdenes.»

Yo no sabría decir hasta qué extremado punto discrepan de las referidas mis opiniones sobre el origen, carácter, trascendencia y tratamiento de esas inquietudes secesionistas. Tengo la impresión de que el «unitarismo» que hasta ahora se ha opuesto a catalanistas y bizcaitarras, es un producto de cabezas catalanas y vizcaínas nativamente incapaces —hablo en general y respeto todas las individualidades— para comprender la historia de España. Porque no se le dé vueltas: España es una cosa hecha por Castilla, y hay razones para ir sospechando que, en general, sólo cabezas castellanas tienen órganos adecuados para percibir el gran problema de la España integral. Más de una vez me he entretenido imaginando qué habría acontecido si, en lugar de hombres de Castilla, hubieran sido encargados, mil años hace, los «unitarios» de ahora, catalanes y vascos, de forjar esta enorme cosa que llamamos España. Yo sospecho que, aplicando sus métodos y dando con sus testas en el yunque, lejos de arribar a la España una, habrían dejado la Península convertida en una pululación de mil cantones. Porque, como luego veremos, en el fondo, esa manera de entender los «nacionalismos» y ese sistema de dominarlos es, a su vez, separatismo y particularismo: es catalanismo y bizcaitarrismo, bien que de signo contrario.

4. TANTO MONTA

Para quien ha nacido en esta cruda altiplanicie que se despereza del Ebro al Tajo, nada hay tan conmovedor como reconstruir el proceso incorporativo que Castilla impone a la periferia peninsular. Desde un principio se advierte que Castilla sabe mandar. No hay más que ver la energía con que acierta a mandarse a sí misma. Ser emperador de sí mismo es la primera condición para imperar a los demás. Castilla se afana por superar en su propio corazón la tendencia al hermetismo aldeano, a la visión angosta de los intereses inmediatos que reina en los demás pueblos ibéricos. Desde luego, se orienta su ánimo hacia las grandes empresas, que requieren amplia colaboración. Es la primera en iniciar largas, complicadas trayectorias de política internacional, otro síntoma de genio nacionalizador. Las grandes naciones no se han hecho desde dentro, sino desde fuera; sólo una acertada política internacional, política de magnas empresas, hace posible una fecunda política interior, que es siempre, a la postre, política de poco calado. Sólo en Aragón existía, como en Castilla, sensibilidad internacional, pero contrarrestada por el defecto más opuesto a esa virtud: una feroz suspicacia rural aquejaba a Aragón, un irreductible apego a sus peculiaridades étnicas y tradicionales. La continuada lucha fronteriza que mantienen los castellanos con la Media Luna, con otra civilización, permite a éstos descubrir su histórica afinidad con las demás Monarquías ibéricas, a despecho de las diferencias sensibles: rostro, acento, humor, paisaje. La «España una» nace así en la mente de Castilla, no como una intuición de algo real —España no era, en realidad, una—, sino como un ideal esquema de algo *realizable,* un proyecto incitador de voluntades, un mañana imaginario capaz de disciplinar el hoy y de orientarlo, a la manera que el blanco atrae la flecha y tiende el arco. No de otra suerte, los codos en su mesa de hombre de negocios, inventa Cecil Rhodes la idea de la Rhodesia: un Imperio que podía ser creado en la entraña salvaje del Africa. Cuando la tradicional política de Castilla logró conquistar para sus fines el espíritu claro, penetrante, de Fernando el Católico, todo se hizo posible. La genial vulpeja aragonesa comprendió que Castilla tenía razón, que era preciso domeñar la hosquedad de sus paisanos e incorporarse a una España mayor. Sus pensamientos de alto vuelo sólo podían ser ejecutados desde Castilla, porque sólo en ella encontraban nativa resonancia. Entonces se logra la unidad española; mas ¿para qué, con qué fin, bajo qué ideas ondeadas como banderas incitantes? ¿Para vivir juntos, para sentarse en torno al fuego central, a la vera unos de otros, como viejas sibilantes en invierno? Todo lo contrario. La unión se hace para lanzar la energía española a los cuatro vientos, para inundar el planeta, para crear un Imperio aún más amplio. La unidad de España se hace para esto y por esto. La vaga imagen de tales empresas es una palpitación de horizontes que atrae, sugestiona e incita a la unión, que funde los temperamentos antagónicos en un bloque compacto. Para quien tiene buen oído histórico, no es dudoso que la *unidad española fue, ante todo y sobre todo, la unificación de las dos grandes políticas internacionales que a la sazón había en la península:* la de Castilla, hacia Africa y el centro de Europa; la de Aragón, hacia el Mediterráneo. El resultado fue que, por vez primera en la historia, se idea una *Weltpolitik:* la unidad española fue hecha para intentarla.

En el capítulo anterior he sostenido que la incorporación nacional, la convivencia de pueblos y grupos sociales exige alguna empresa de colaboración y un proyecto sugestivo de vida en común. La historia de España confirma esta opinión, que habíamos formado contemplando la historia de Roma. Los españoles nos juntamos hace cinco siglos para emprender una *Weltpolitik* y para ensayar otras muchas faenas de gran velamen.

Nada de esto es construcción mía; no es orla de mandarín que yo, literato ocioso, pongo al cabo de quinientos años a esperanzas y dolores de una edad remota. Entre otros mil testimonios, me acojo a dos excepcionales que me ofrecen insuperable garantía y se completan ambos. Uno es de Francesco Guicciardini, que muy joven vino de embajador florentino a nuestra tierra. En su *Relazione di Spagna* cuenta que un día interrogó al rey Fernando: «¿Cómo es posible que un pueblo tan belicoso como el español haya sido siempre conquistado, del todo o en parte, por galos, romanos, cartagineses, vándalos, moros?» A lo que el rey contestó: «La nación es bastante apta para las armas, pero desordenada, de suerte que sólo puede *hacer con ella grandes cosas el que sepa mantenerla unida y en orden.*» Y esto es —añade Guicciardini— lo que, en efecto, hicieron Fernando e Isabel; merced a ello pudieron lanzar a España a las grandes empresas militares[1].

Aquí, sin embargo, parece que la unidad es la causa y la condición para hacer grandes cosas. ¿Quién lo duda? Pero es más interesante y más honda, y con verdad de más quilates, la relación inversa; la idea de grandes cosas por hacer engendra la unificación nacional.

Guicciardini no era muy inteligente. La mente más clara del tiempo era Maquiavelo. Nadie en aquella época pensó más sobre política ni conoció mejor el doctrinal íntimo de las cancillerías. Sobre todo, a nadie preocupó tanto la obra de Fernando como al sagaz secretario de la Señoría. Su *Príncipe* es, en rigor, una meditación sobre lo que hicieron Fernando el Católico y César Borgia. Maquiavelismo es principalmente el comentario intelectual de un italiano a los hechos de dos españoles.

Pues bien: existe una carta muy curiosa que Maquiavelo escribe a su amigo Francesco Vettori, otro embajador florentino, a propósito de la tregua inesperada que Fernando el Católico concedió al rey de Francia en 1513. Vettori no acierta a comprender la política del «astuto Re»; pero Maquiavelo le da una explicación sutilísima que resultó profética. Con este motivo resume la táctica de Fernando de España en estas palabras maravillosamente agudas:

«Si hubieseis advertido los designios y procedimientos de este católico rey, no os maravillaríais tanto de esta

---

[1] *Opere inedite,* vol. VI.

tregua. Este rey, como sabéis, desde poca y débil fortuna, ha llegado a esta grandeza, y ha tenido siempre que combatir con Estados nuevos y súbditos dudosos[1], y uno de los modos como los Estados nuevos se sostienen y los ánimos vacilantes se afirman o se mantienen suspensos e irresolutos, *è dare di sè grande spettazione,* teniendo siempre a las gentes con el ánimo arrebatado por la consideración del fin que alcanzarán las resoluciones y las empresas. Esta necesidad ha sido conocida y bien usada por este rey: *de aquí han nacido* los asaltos de Africa, la división del Reino[2] y todas estas variadas empresas, y sin atender a la finalidad de ellas, *perchè il fine suo non è tanto quello o questo, o quella vittoria, quanto è darsi reputazione ne' popoli* y tenerlos suspensos con la multiplicidad de las hazañas. Y por esto *fu sempre animoso datore di principii,* fue un gran iniciador de empresas a las cuales da el fin que la suerte le permite y la necesidad le muestra»[3].

No puede pedirse mayor claridad y precisión en un contemporáneo. El suceso posterior hizo patente lo que acertó a descubrir el zahorí de Florencia. Mientras España tuvo empresas a que dar cima y se cernía un sentido de vida en común sobre la convivencia peninsular, la incorporación nacional fue aumentando o no sufrió quebranto.

Pero hemos quedado en que durante estos años hay un rumor incesante de nacionalismos, regionalismos, separatismos... Volvamos al comienzo de este artículo[4] y preguntémonos: ¿Por qué?

---

[1] Esto es, ensaya la unificación en un Estado de pueblos por tradición independientes, de hombres que no son sus vasallos y súbditos de antiguo.

[2] Se refiere al de Nápoles.

[3] Machiavelli, *Opere*, vol. VIII. Existe otro texto de esta carta con algunas variantes que subrayan más el mismo pensamiento. Por ejemplo: «Così fece il Re nelle imprese di Granata, di Africa e di Napoli; giacchè il suo vero scopo non fu mai questa o quella vittoria.»

[4] [Artículo que incluía los capítulos 3.º y 4.º de esta primera parte. Véase mi nota de la página 74.]

5. PARTICULARISMO

Entre las nuevas emociones suscitadas por el cinematógrafo hay una que hubiera entusiasmado a Goethe. Me refiero a esas películas que condensan en breves momentos todo el proceso generativo de una planta. Entre la semilla que germina y la flor que se abre sobre el tallo como corona de la perfección vegetal, transcurre en la naturaleza demasiado tiempo. No vemos emanar la una de la otra: los estadios del crecimiento se nos presentan como una serie de formas inmóviles, encerrada y cristalizada cada cual en sí misma y sin hacer la menor referencia a la anterior ni a la subsecuente. No obstante, sospechamos que la verdadera realidad de la vida vegetal no es esa serie de perfiles estáticos y rígidos, sino el movimiento latente en que van saliendo unos de otros, transformándose unos en otros. De ordinario, el *tempo* que la batuta de la naturaleza impone al crecimiento de las plantas es más lento que el exigido por nuestra retina para fundir dos imágenes quietas en la unidad de un movimiento. En algunos casos, tan raros como favorables, el *tempo* de la planta y el de nuestra retina coinciden, y entonces el misterio de su vida se hace patente a nuestros ojos. Esto aconteció a Goethe cuando bajaba del Norte a Italia: sus pupilas intensas y avizoras, habituadas al ritmo germinal de la flora germánica, quedan sorprendidas por el *allegro* de la vegetación meridional, y al choque de la nueva intuición descubre la ley botánica de la metamorfosis, genial contribución de un poeta a la ciencia natural.

Para entender bien una cosa es preciso ponerse a su compás. De otra manera, la melodía de su existencia no logra articularse en nuestra percepción y se desgrana en una secuencia de sonidos inconexos que carecen de sentido. Si nos hablan demasiado de prisa o demasiado despacio, las sílabas no se traban en palabras ni las palabras en frases. ¿Cómo podrán entenderse dos almas de *tempo* melódico distinto? Si queremos intimar con algo o con alguien, tomemos primero el pulso de su vital melodía y, según él exija, galopemos un rato a su vera o pongamos al paso nuestro corazón.

Ello es que el cinematógrafo empareja nuestra visión con el lento crecer de la planta y consigue que el desarrollo de ésta adquiera a nuestros ojos la continuidad de un gesto. Entonces lo entendemos con la evidencia misma que a una persona familiar, y nos parece la eclosión de la flor el término claro de un ademán.

Pues bien: yo imagino que el cinematógrafo pudiera aplicarse a la historia y, condensados en breves minutos, corriesen ante nosotros los cuatro últimos siglos de vida española. Apretados unos contra otros los hechos innumerables, fundidos en una curva sin poros ni discontinuidades, la historia de España adquiriría la claridad expresiva de un gesto y los sucesos contemporáneos en que concluye el vasto ademán se explicarían por sí mismos, como unas mejillas que la angustia contrae o una mano que desciende rendida.

Entonces veríamos que de 1580 hasta el día cuanto en España acontece es decadencia y desintegración. El proceso incorporativo va en crecimiento hasta Felipe II. El año vigésimo de su reinado puede considerarse como la divisoria de los destinos peninsulares. Hasta su cima, la historia de España es ascendente y acumulativa; desde ella hacia nosotros, la historia de España es decadente y dispersiva. El proceso de desintegración avanza en riguroso orden de la periferia al centro. Primero se desprenden los Países Bajos y el Milanesado; luego, Nápoles. A principios del siglo XIX se separan las grandes provincias ultramarinas, y a fines de él, las colonias menores de América y Extremo Oriente. En 1900, el cuerpo español ha vuelto a su nativa desnudez peninsular. ¿Termina con esto la desintegración? Será casualidad, pero el desprendimiento de las últimas posesiones ultramarinas parece ser la señal para el comienzo de la dispersión intrapeninsular. En 1900 se empieza a oír el rumor de regionalismos, nacionalismos, separatismos... Es el triste espectáculo de un larguísimo, multisecular otoño, laborado periódicamente por ráfagas adversas que arrancan del inválido ramaje enjambres de hojas caducas.

El proceso incorporativo consistía en una faena de *totalización*: grupos sociales que eran todos aparte quedaban integrados como partes de un todo. La desintegración es el suceso inverso: las partes del todo comienzan a vivir como todos aparte. A este fenómeno de la vida histórica llamo *particularismo* y si alguien me pregunta cuál es el carácter más profundo y más grave de la actualidad española, yo contestaría con esa palabra.

Pensando de esta suerte, claro es que me parece una frivolidad juzgar el catalanismo y el bizcaitarrismo como movimientos artificiosos nacidos del capricho privado de unos cuantos. Lejos de esto, son ambos no otra cosa que la manifestación más acusada del estado de descomposición en que ha caído nuestro pueblo; en ellos se prolonga el gesto de dispersión que hace tres siglos fue iniciado. Las teorías nacionalistas, los programas políticos del regionalismo, las frases de sus hombres carecen de interés y son en gran parte artificios. Pero en estos movimientos históricos, que son mecánica de masas, lo que se dice es siempre mero pretexto, elaboración superficial, transitoria y ficticia, que tiene sólo un valor simbólico como expresión convencional y casi siempre incongruente de profundas emociones, inefables y oscuras, que operan en el subsuelo del alma colectiva. Todo el que en política y en historia se rija por lo que se dice, errará lamentablemente. Ni el programa del Tívoli expresa adecuadamente el impulso centrífugo que siente el pueblo catalán, ni la ausencia de esos programas secesionistas prueba que Galicia, Asturias, Aragón, Valencia no sientan exactamente el mismo instinto de particularismo.

Lo que la gente piensa y dice —la opinión pública— es siempre respetable, pero casi nunca expresa con rigor sus verdaderos sentimientos. La queja del enfermo no es el nombre de su enfermedad. El cardíaco suele quejarse de todo su cuerpo menos de su víscera cordial. A lo mejor nos duele la cabeza, y lo que tienen que curarnos es el hígado. Medicina y política, cuanto mejores son, más se parecen al método de Ollendorf.

La esencia del particularismo es que cada grupo deja de sentirse a sí mismo como parte, y en consecuencia deja de compartir los sentimientos de los demás. No le importan las esperanzas o necesidades de los otros y no se solidarizará con ellos para auxiliarlos en su afán. Como el vejamen que acaso sufre el vecino no irrita por simpática transmisión a los demás núcleos nacionales, queda éste abandonado a su desventura y debilidad. En cambio, es característica de este estado social la hipersensibilidad para los propios males. Enojos o dificultades que en tiempos de cohesión son fácilmente soportados, parecen intolerables cuando el alma del grupo se ha desintegrado de la convivencia nacional[1].

En este esencial sentido podemos decir que el particularismo existe hoy en toda España, bien que modulado diversamente según las condiciones de cada región. En Bilbao y Barcelona, que se sentían como las fuerzas económicas mayores de la Península, ha tomado el particularismo un cariz agresivo, expreso y de amplia musculatura retórica. En Galicia, tierra pobre, habitada por almas rendidas, suspicaces y sin confianza en sí mismas, el particularismo será reentrado, como erupción que no puede brotar, y adoptará la fisonomía de un sordo y humillado resentimiento, de una inerte entrega a

_____

[1] Pocas cosas hay tan significativas del estado actual como oír a vascos y catalanes sostener que son ellos pueblos «oprimidos» por el resto de España. La situación privilegiada que gozan es tan evidente que, a primera vista, esa queja habrá de parecer grotesca. Pero a quien le interese no tanto juzgar a las gentes como entenderlas, le importa más notar que ese sentimiento es sincero, por muy injustificado que se repute. Y es que se trata de algo puramente relativo. El hombre condenado a vivir con una mujer a quien no ama siente las caricias de ésta como un irritante roce de cadenas. Así, aquel sentimiento de opresión, injustificado en cuanto pretende reflejar una situación objetiva, es síntoma verídico del estado subjetivo en que Cataluña y Vasconia se hallan.

la voluntad ajena, en que se libra sin protestas el cuerpo para reservar tanto más la íntima adhesión.

No he comprendido nunca por qué preocupa el nacionalismo afirmativo de Cataluña y Vasconia y, en cambio, no causa pavor el nihilismo nacional de Galicia o Sevilla. Esto indica que no se ha percibido aún toda la profundidad del mal y que los patriotas con cabeza de cartón creen resuelto el formidable problema nacional si son derrotados en unas elecciones los señores Sota o Cambó.

El propósito de este ensayo es corregir la desviación en la puntería del pensamiento político al uso, que busca el mal radical del catalanismo y bizcaitarrismo en Cataluña y en Vizcaya, cuando no es allí donde se encuentra. ¿Dónde, pues?

Para mí esto no ofrece duda: cuando una sociedad se consume víctima del particularismo, puede siempre afirmarse que el primero en mostrarse particularista fue precisamente el Poder central. Y esto es lo que ha pasado en España.

Castilla ha hecho a España y Castilla la ha deshecho.

Núcleo inicial de la incorporación ibérica, Castilla acertó a superar su propio particularismo e invitó a los demás pueblos peninsulares para que colaborasen en un gigantesco proyecto de vida común. Inventa Castilla grandes empresas incitantes, se pone al servicio de altas ideas jurídicas, morales, religiosas; dibuja un sugestivo plan de orden social; impone la norma de que todo hombre mejor debe ser preferido a su inferior, el activo al inerte, el agudo al torpe, el noble al vil. Todas estas aspiraciones, normas, hábitos, ideas se mantienen durante algún tiempo vivaces. Las gentes alientan influidas eficazmente por ellas, creen en ellas, las respetan o las temen. Pero si nos asomamos a la España de Felipe III advertimos una terrible mudanza. A primera vista nada ha cambiado, pero todo se ha vuelto de cartón y suena a falso. Las palabras vivaces de antaño siguen repitiéndose, pero ya no influyen en los corazones: las ideas incitantes se han tornado tópicos. No se emprende nada nuevo, ni en lo político, ni en lo científico, ni en lo moral. Toda la actividad que resta se emplea precisamente «en no hacer nada nuevo», en conservar el pasado —instituciones y dogmas—, en sofocar toda iniciación, todo fenómeno innovador. Castilla se transforma en lo más opuesto a sí misma: se vuelve suspicaz, angosta, sórdida, agria. Ya no se ocupa en potenciar la vida de las otras regiones; celosa de ellas, las abandona a sí mismas y empieza a no enterarse de lo que en ellas pasa.

Si Cataluña o Vasconia hubiesen sido las razas formidables que ahora se imaginan ser, habrían dado un terrible tirón de Castilla cuando ésta comenzó a hacerse particularista, es decir, a no contar debidamente con ellas. La sacudida en la periferia hubiera acaso despertado las antiguas virtudes del centro y no habrían, por ventura, caído en la perdurable modorra de idiotez y egoísmo que ha sido durante tres siglos nuestra historia.

Analícense las fuerzas diversas que actuaban en la política española durante todas esas centurias, y se advertirá claramente su atroz particularismo. Empezando por la Monarquía y siguiendo por la Iglesia, ningún poder nacional ha pensado más que en sí mismo. ¿Cuándo ha latido el corazón, al fin y al cabo extranjero, de un monarca español o de la Iglesia española por los destinos hondamente nacionales? Que se sepa, jamás. Han hecho todo lo contrario: *Monarquía e Iglesia se han obstinado en hacer adoptar sus destinos propios como los verdaderamente nacionales*[1]; han fomentado, generación tras generación, una selección inversa en la raza española. Sería curioso y científicamente fecundo hacer una historia de las preferencias manifestadas por los reyes españoles en

---

[1] El caso de Carlos III constituye a primera vista una excepción, que a la postre vendría, como toda excepción, a confirmar la regla. Pero en la estimación que hace treinta años sentían los «progresistas» españoles por Carlos III, hay una mala inteligencia. Podrá una parte de su política ser simpática desde el punto de vista de la cultura humana, pero el conjunto es acaso el más particularista y antiespañol que ofrece la historia de la Monarquía.

la elección de las personas. Ella mostraría la increíble y continuada perversión de valoraciones que los ha llevado casi indefectiblemente a preferir los hombres tontos a los inteligentes, los envilecidos a los irreprochables. Ahora bien, el error habitual, inveterado, en la elección de personas, la preferencia reiterada de lo ruin a lo selecto es el síntoma más evidente de que no se quiere en verdad hacer nada, emprender nada, crear nada que perviva luego por sí mismo. Cuando se tiene el corazón lleno de un alto empeño se acaba siempre por buscar los hombres más capaces de ejecutarlo.

En vez de renovar periódicamente el tesoro de ideas vitales, de modos de coexistencia, de empresas unitivas, el Poder público ha ido triturando la convivencia española y ha usado de su fuerza nacional casi exclusivamente para fines privados.

¿Es extraño que, al cabo del tiempo, la mayor parte de los españoles, y desde luego la mejor, se pregunte: para qué vivimos juntos? *Porque vivir es algo que se hace hacia adelante, es una actividad que va de este segundo al inmediato futuro.* No basta, pues, para vivir la resonancia del pasado, y mucho menos para convivir. Por eso decía Renan que una nación es un plebiscito cotidiano. En el secreto inefable de los corazones se hace todos los días un fatal sufragio que decide si una nación puede de verdad seguir siéndolo. ¿Qué nos invita el Poder público a hacer mañana en entusiasta colaboración? Desde hace mucho tiempo, mucho, siglos, pretende el poder público que los españoles existamos no más que para que él se dé el gusto de existir. Como el pretexto es excesivamente menguado, España se va deshaciendo, deshaciendo... Hoy ya es, más bien que un pueblo, la polvareda que queda cuando por la gran ruta histórica ha pasado galopando un gran pueblo...

Así, pues, yo encuentro que lo más importante en el catalanismo y el bizcaitarrismo es precisamente lo que menos suele advertirse en ellos, a saber: lo que tienen de común, por una parte, con el largo proceso de secular desintegración que ha segado los dominios de España; por otra parte, con el particularismo latente o variamente modulado que existe hoy en el resto del país. Lo demás, la afirmación de la diferencia étnica, el entusiasmo por sus idiomas, la crítica de la política central, me parece que, o no tiene importancia, o si la tiene, podría aprovecharse en sentido favorable.

Pero esta interpretación del secesionismo vasco-catalán como mero caso específico de un particularismo más general existente en toda España queda mejor probada si nos fijamos en otro fenómeno agudísimo, característico de la hora presente y que nada tiene que ver con provincias, regiones ni razas: el particularismo de las clases sociales.

6. COMPARTIMIENTOS ESTANCOS

La incorporación en que se crea un gran pueblo es principalmente una articulación de grupos étnicos o políticos diversos; pero no es esto sólo: a medida que el cuerpo nacional crece y se complican sus necesidades, originase un movimiento diferenciador en las funciones sociales y, consecuentemente, en los órganos que las ejercen. Dentro de la sociedad unitaria van apareciendo e hinchiéndose pequeños orbes inclusos, cada cual con su peculiar atmósfera, con sus principios, intereses y hábitos sentimentales e ideológicos distintos: son el mundo militar, el mundo político, el mundo industrial, el mundo científico y artístico, el mundo obrero, etc. En suma: el proceso de unificación en que se organiza una gran sociedad lleva el contrapunto de un proceso diferenciador que divide aquélla en clases, grupos profesionales, oficios, gremios.

Los grupos étnicos incorporados, antes de su incorporación existían ya como todos independientes. Las clases y los grupos profesionales, en cambio, nacen, desde luego, como partes. Aquéllos, mejor o peor, pueden volver a vivir solitarios y por sí; pero éstos, aislados y aparte cada uno, no podrían subsistir. ¡Hasta tal punto les es esencial ser partes y sólo partes de una estructura que los envuelve y lleva! El industrial necesita del productor de primeras materias, del comprador de sus productos, del gobernante que pone un orden en el tráfico, del militar que defiende ese orden. A su vez, el mundo militar, «de los defensores» —decía don Juan Manuel—, necesita del industrial, del agrícola, del técnico.

Habrá, por tanto, salud nacional en la medida que cada una de estas clases y gremios tenga viva conciencia de que es ella meramente un trozo inseparable, un miembro del cuerpo público. Todo oficio u ocupación continuada arrastra consigo un principio de inercia que induce al profesional a irse encerrando cada vez más en el reducido horizonte de sus preocupaciones y hábitos gremiales. Abandonado a su propia inclinación, el grupo acabaría por perder toda sensibilidad para la interdependencia social, toda noción de sus propios límites y aquella disciplina que mutuamente se imponen los gremios al ejercer presión los unos sobre los otros y sentirse vivir juntos.

Es preciso, pues, mantener vivaz en cada clase o profesión la conciencia de que existen en torno a ella otras muchas clases y profesiones, de cuya cooperación necesitan, que son tan respetables como ella y tienen modos y aun manías gremiales que deben ser en parte tolerados o, cuando menos, conocidos.

¿Cómo se mantiene despierta esta corriente profunda de solidaridad? Vuelvo una vez más al tema que es *leitmotiv* de este ensayo: la convivencia nacional es una realidad activa y dinámica, no una coexistencia pasiva y estática como el montón de piedras al borde de un camino. La nacionalización se produce en torno a fuertes empresas incitadoras que exigen de todos un máximum de rendimiento y, en consecuencia, de disciplina y mutuo aprovechamiento. La reacción primera que en el hombre origina una coyuntura difícil o peligrosa es la concentración de todo su organismo, un apretar las filas de las energías vitales, que quedan alerta y en pronta disponibilidad para ser lanzadas contra la hostil situación. Algo semejante acontece en un pueblo cuando necesita o quiere en serio hacer algo. En tiempo de guerra, por ejemplo, cada ciudadano parece quebrar el recinto hermético de sus preocupaciones exclusivistas, y agudizada su sensibilidad por el todo social, emplea no poco esfuerzo mental en pasar revista, una vez y otra, a lo que puede esperarse de las demás clases y profesiones. Advierte entonces con dramática evidencia la angostura de su gremio, la escasez de sus posibilidades y la radical dependencia de los restantes en que, sin notarlo, se hallaba. Recibe ansiosamente las noticias que le llegan del estado material y moral de otros oficios, de los hombres que en ellos son eminentes y en cuya capacidad puede confiarse[1]. Cada profesión, por decirlo así, vive en tales agudas circunstancias la vida entera de las demás. Nada acontece en un grupo social que no llegue a conocimiento del resto y deje en él su huella. La sociedad se hace más compacta y vibra integralmente de polo a polo. A esta cualidad, que en los casos bélicos se manifiesta superlativamente, pero que en medida bastante es poseída por todo pueblo saludable, llamo «elasticidad social». Es en el orden psicológico la misma condición que en el físico permite a la bola de billar transmitir, casi sin pérdida, la acción ejercida sobre uno de sus puntos a todos los demás de su esfera. Merced a esta elasticidad social la vida de cada individuo queda en cierta manera

---

[1] Imagínese el entusiasmo con que el pueblo alemán habrá visto al gremio glorioso de sus químicos destacarse de la humilde oscuridad en que solía vivir y dar en proporciones geniales el patriótico rendimiento que ha asombrado al mundo. De seguro que en tales momentos habrá bendecido la nación entera el cuidado, en apariencia superfluo, que en otro tiempo puso en fomentar los estudios químicos. En cambio, ese mismo pueblo ha maldecido cien veces su torpe desdén hacia la política interior y exterior, que le impidió preparar para el día de las urgencias un selecto cuerpo de diplomáticos y políticos.

multiplicada por la de todos los demás; ninguna energía se despilfarra; todo esfuerzo repercute en amplias ondas de transmisión psicológica, y de este modo se aprovecha y acumula. Solo una nación de esta suerte elástica podrá en su día y en su hora ser cargada prontamente de la electricidad histórica que proporciona los grandes triunfos y asegura las decisivas y salvadoras reacciones.

No es necesario ni importante que las partes de un todo social coincidan en sus deseos y sus ideas; lo necesario e importante es que conozca cada una, y en cierto modo viva, los de las otras. Cuando esto falta, pierde la clase o gremio, como ciertos enfermos de la médula, la sensibilidad táctil: no siente en su periferia el contacto y la presión de las demás clases y gremios; llega consecuentemente a creer que sólo ella existe, que ella es todo, que ella es un todo. Tal es el particularismo de clase, síntoma mucho más grave de descomposición que los movimientos de secesión étnica y territorial; porque, según ya he dicho, las clases y gremios son partes en un sentido más radical que los núcleos étnicos y políticos.

Pues bien: la vida social española ofrece en nuestros días un extremado ejemplo de este atroz particularismo. *Hoy es España, más bien que una nación, una serie de compartimientos estancos.*

Se dice que los políticos no se preocupan del resto del país. Esto, que es verdad, es, sin embargo, injusto, porque parece atribuir exclusivamente a los políticos pareja despreocupación. La verdad es que si para los políticos no existe el resto del país, para el resto del país existen mucho menos los políticos. Y ¿qué acontece dentro de ese resto no político de la nación? ¿Es que el militar se preocupa del industrial, del intelectual, del agricultor, del obrero? Y lo mismo debe decirse del aristócrata, del industrial o del obrero respecto a las demás clases sociales. Vive cada gremio herméticamente cerrado dentro de sí mismo. No siente la menor curiosidad por lo que acaece en el recinto de los demás. Ruedan los unos sobre los otros como orbes estelares que se ignoran mutuamente. Polarizado cada cual en sus tópicos gremiales, no tiene ni noticia de los que rigen el alma del grupo vecino. Ideas, emociones, valores creados dentro de un núcleo profesional o de una clase, no trascienden lo más mínimo a las restantes. El esfuerzo titánico que se ejerce en un punto del volumen social no es transmitido, ni obtiene repercusión unos metros más allá, y muere donde nace. Difícil será imaginar una sociedad menos elástica que la nuestra; es decir, difícil será imaginar un conglomerado humano que sea menos una sociedad. Podemos decir de toda España lo que Calderón decía de Madrid en una de sus comedias:

> *Está una pared aquí*
> *de la otra más distante*
> *que Valladolid de Gante.*

7. EL CASO DEL GRUPO MILITAR

Para no seguir moviéndome entre fórmulas generales y abstractas, intentaré describir someramente un ejemplo concreto de compartimiento estanco: el que ofrece la clase profesional de los militares. Casi todo lo que de éstos diga vale, con leves mudanzas, para los demás grupos y gremios.

Después de las guerras colonial e hispanoyanqui quedó nuestro ejército profundamente deprimido, moralmente desarticulado; por decirlo así, disuelto en la gran masa nacional. Nadie se ocupó de él ni siquiera para exigirle, en forma elevada, justiciera y competente, las debidas responsabilidades. Al mismo tiempo, la voluntad colectiva de España, con rara e inconcebible unanimidad, adoptó sumariamente, radicalmente, la inquebrantable resolución de no volver a entrar en bélicas empresas. Los militares mismos se sintieron en el fondo de su ánima contaminados por esta decisión, y don Joaquín Costa, tomando una vez más el rábano por las hojas, mandó que se sellase el arca del Cid.

He aquí un caso preciso en que resplandece la necesidad de interpretar dinámicamente la convivencia nacional, de comprender que sólo la acción, la empresa, el proyecto de ejecutar un día grandes cosas son capaces de dar regulación, estructura y cohesión al cuerpo colectivo. Un ejército no puede existir cuando se elimina de su horizonte la posibilidad de una guerra. La imagen, siquiera el fantasma de una contienda posible debe levantarse en los confines de la perspectiva y ejercer su mística, espiritual gravitación sobre el presente del ejército. La idea de que el útil va a ser un día usado es necesaria para cuidarlo y mantenerlo a punto. Sin guerra posible no hay manera de moralizar un ejército, de sustentar en él la disciplina y tener alguna garantía de su eficacia.

Comprendo las ideas de los antimilitaristas, aunque no las comparto. Enemigos de la guerra, piden la supresión de los ejércitos. Tal actitud, errónea en su punto de partida, es lógica en sus consecuencias. Pero tener un ejército y no admitir la posibilidad de que actúe es una contradicción gravísima que, a despecho de insinceras palabras oficiales, han cometido en el secreto de sus corazones casi todos los españoles desde 1900. La única guerra que hubiera parecido concebible, la de independencia, era tan inverosímil, que prácticamente no influía en la conciencia pública. Una vez resuelto que no habría guerras, era inevitable que las demás clases se desentendieran del Ejército, perdiendo toda sensibilidad para el mundo militar. Quedó éste aislado, desnacionalizado, sin trabazón con el resto de la sociedad e interiormente disperso. La reciprocidad se hacía inevitable; el grupo social que se siente desatendido reacciona automáticamente con una secesión sentimental. En los individuos de nuestro Ejército germinó una funesta suspicacia hacia políticos, intelectuales, obreros (la lista podía seguir y aun elevarse mucho); fermentó en el grupo armado el resentimiento y la antipatía respecto a las demás clases sociales, y su periferia gremial se fue haciendo cada vez más hermética, menos porosa al ambiente de la sociedad circundante. Entonces comienza el Ejército a vivir —en ideas, propósitos, sentimientos— del fondo de sí mismo, sin recepción ni canje de influencias ambientes. Se fue obliterando, cerrando sobre su propio corazón, dentro del cual quedaban en cultivo los gérmenes particularistas[1].

En 1909 una operación colonial lleva a Marruecos parte de nuestro Ejército. El pueblo acude a las estaciones para impedir su partida, movido por la susodicha resolución de pacifismo. No era lo que se llamó «operación de policía» empresa de tamaño bastante para templar el ánimo de una milicia como la nuestra. Sin embargo, aquel reducido empeño bastó para que despertase el espíritu gremial de nuestro Ejército. Entonces volvió a formarse plenamente su conciencia de grupo, se concentró en sí mismo, se unió consigo mismo; mas no por esto se reunió al resto de las clases sociales. Al contrario: la cohesión gremial se produjo en torno a aquellos sentimientos acerbos que antes he mentado. De todas suertes, Marruecos hizo del alma dispersa de nuestro Ejército un puño cerrado, moralmente dispuesto para el ataque[2].

---

[1] Este esquema de la trayectoria psicológica seguida por el alma del grupo militar español es muy posiblemente un puro error. Espero, sin embargo, que se vea en ella el leal ensayo que un extraño hace de entender el espíritu de los militares. Permítaseme recordar que en una conferencia dada en abril de 1914, varios meses antes de la guerra mundial, hablé ya de la desnacionalización del Ejército y anticipé no poco de lo que, por desgracia, luego ha acontecido. Véase el folleto *Vieja y nueva política,* 1914. [Incluido en el libro *Escritos políticos,* colección El libro de bolsillo, número 500, Alianza Editorial, Madrid, 1974.] El sugestivo libro no hace mucho publicado por el conde de Romanones —acaso el más inteligente de nuestros políticos— confirma con testimonio de mayor excepción cuanto voy diciendo.

[2] Que material y técnicamente no estuviese ni esté aún dispuesto, es punto que nada tiene que ver con esta historia psicológica que voy haciendo.

Desde aquel momento viene a ser el grupo militar una escopeta cargada que no tiene blanco a que disparar. Desarticulado de las demás clases nacionales —como éstas, a su vez lo están entre sí—, sin respeto hacia ellas ni sentir su presión refrenadora, vive el Ejército en perpetua inquietud, queriendo gastar la espiritual pólvora acumulada y sin hallar empresa congrua en que hacerlo. ¿No era la inevitable consecuencia de todo este proceso que el Ejército cayese sobre la nación misma y aspirase a conquistarla? ¿Cómo evitar que su afán de campañas quedara reprimido y renunciase a tomar algún presidente del Consejo como si fuera una cota?[1].

Todo tenía que concluir en aquellas jornadas famosas de julio de 1917. En ellas, el Ejército perdió un instante por completo la conciencia de que era una parte, y sólo una parte, del todo español. El particularismo que padece, como los demás gremios y clases, y de que no es más responsable que lo somos todos los demás, le hizo sufrir el espejismo de creerse solo y todo.

He aquí una historia que, *mutatis mutandis,* puede contarse de casi todos los trozos orgánicos de España. Cada uno ha pasado por cierta hora en que, perdida la fe en la organización nacional y embotada su sensibilidad para los demás grupos fraternos, ha creído que su misión consistía en imponer directamente su voluntad. Dicho de otra manera: todo particularismo conduce, por fin, inexorablemente, a la acción directa.

8. ACCION DIRECTA

La psicología del particularismo que he intentado delinear podría resumirse diciendo que el particularismo se presenta siempre que en una clase o gremio, por una u

---

[1] (¡No olvide el lector que está leyendo unas páginas escritas y publicadas a principios de 1921!) [Nota agregada en la cuarta edición, 1934.]

otra causa, se produce la ilusión intelectual de creer que las demás clases no existen como plenas realidades sociales o, cuando menos, que no merecen existir. Dicho aun más simplemente: particularismo es aquel estado de espíritu en que creemos no tener por qué contar con los demás. Unas veces por excesiva estimación de nosotros mismos, otras por excesivo menosprecio del prójimo, perdemos la noción de nuestros propios límites y comenzamos a sentirnos como todos independientes. Contar con los demás supone percibir, si no nuestra subordinación a ellos, por lo menos la mutua dependencia y coordinación en que con ellos vivimos. Ahora bien: una nación es, a la postre, una ingente comunidad de individuos y grupos que cuentan los unos con los otros. Este contar con el prójimo no implica necesariamente simpatía hacia él. Luchar con alguien, ¿no es una de las más claras formas en que demostramos que existe para nosotros? Nada se parece tanto al abrazo como el combate cuerpo a cuerpo.

Pues bien: en estados normales de nacionalización, cuando una clase desea algo para sí, trata de alcanzarlo buscando previamente un acuerdo con las demás. En lugar de proceder inmediatamente a la satisfacción de su deseo, se cree obligada a obtenerlo al través de la voluntad general. Hace, pues, seguir a su privada voluntad una larga ruta que pasa por las demás voluntades integrantes de la nación y recibe de ellas la consagración de la legalidad. Tal esfuerzo para convencer a los prójimos y obtener de ellos que acepten nuestra particular aspiración es la acción legal.

Esta función de contar con los demás tiene sus órganos peculiares: son las instituciones públicas que están tendidas entre individuos y grupos como resortes y muelles de la solidaridad nacional.

Pero una clase atacada de particularismo se siente humillada cuando piensa que para lograr sus deseos necesita recurrir a esas instituciones u órganos del contar con los demás. ¿Quiénes son los demás para el particularista? En fin de cuentas, y tras uno u otro rodeo, nadie. De aquí la íntima repugnancia y humillación que siente entre nosotros el militar, o el aristócrata, o el industrial, o el obrero cuando tiene que impetrar del Parlamento la satisfacción de sus aspiraciones y necesidades. Esta repugnancia suele disfrazarse de desprecio hacia los políticos; pero un psicólogo atento no se deja desorientar por esta apariencia.

Pica, a la verdad, en historia la unanimidad con que todas las clases españolas ostentan su repugnancia hacia los políticos. Diríase que los políticos son los únicos españoles que no cumplen con su deber ni gozan de las cualidades para su menester imprescindibles. Diríase que nuestra aristocracia, nuestra Universidad, nuestra industria, nuestro Ejército, nuestra ingeniería, son gremios maravillosamente bien dotados y que encuentran siempre anuladas sus virtudes y talentos por la intervención fatal de los políticos. Si esto fuera verdad, ¿cómo se explica que España, pueblo de tan perfectos electores, se obstine en no sustituir a esos perversos elegidos?

Hay aquí una insinceridad, una hipocresía. Poco más o menos, ningún gremio nacional puede echar nada en cara a los demás. Allá se van unos y otros en ineptitud, falta de generosidad, incultura y ambiciones fantásticas. Los políticos actuales son fiel reflejo de los vicios étnicos de España, y aun —a juicio de las personas más reflexivas y clarividentes que conozco— son un punto menos malos que el resto de nuestra sociedad[1]. No niego que existan otras muy justificadas, pero *la causa decisiva de la repugnancia que las demás clases sienten hacia el gremio político me parece ser que éste simboliza la necesidad en que está toda clase de contar con las demás.* Por esto se odia al político más que como gobernante como parla-

---

[1] Estos días asistimos a la catástrofe sobrevenida en la economía española por la torpeza y la inmoralidad de nuestros industriales y financieros. Por grandes que sean la incompetencia y desaprensión de los políticos, ¿quién puede dudar que los banqueros, negociantes y productores les ganan el campeonato?

mentario. El Parlamento es el órgano de la convivencia nacional demostrativo de trato y acuerdo entre iguales. Ahora bien, esto es lo que en el secreto de las conciencias gremiales y de clase produce hoy irritación y frenesí: tener que contar con los demás, a quienes en el fondo se desprecia o se odia. *La única forma de actividad pública que al presente, por debajo de palabras convencionales, satisface a cada clase, es la imposición inmediata de su señera voluntad;* en suma, la acción directa.

Este vocablo fue acuñado para denominar cierta táctica de la clase obrera; pero, en rigor, habría que llamar así cuanto hoy se hace en asuntos públicos. La intensidad y desnudez con que este carácter de acción directa se presenta depende sólo de la fuerza material con que cada gremio cuente. Los obreros llegaron a la idea de semejante táctica por un lógico desarrollo de su actitud particularista. Insolidarios de la sociedad actual, consideran que las demás clases sociales no tienen derecho a existir por ser parasitarias, esto es, antisociales. Ellos, los obreros, son no una parte de la sociedad, sino el verdadero todo social, el único que tiene derecho a una legítima existencia política. Dueños de la realidad pública, nadie puede impedirles que se apoderen directamente de lo que es suyo. La acción indirecta o parlamentarismo equivale a pactar con los usurpadores, es decir, con quienes no tienen legítima existencia social.

Quítese a esto cuanto tiene de esquematismo conceptual propio de una teoría[1]; tradúzcase al lenguaje difuso e ilógico de los sentimientos y se hallará el estado de conciencia que hoy actúa en el subsuelo espiritual de casi todas las clases españolas.

---

[1] El particularismo obrerista procede de una teoría, y, por lo tanto, es un fenómeno histórico muy distinto del particularismo espontáneo y emotivo que yo atribuyo a las clases sociales de España. Por ser aquel teórico, de orden racional, como la geometría o el darwinismo, puede existir en todos los pueblos, cualquiera que sea la densidad de su cohesión. El particularismo obrerista no es, pues, un fenómeno peculiar de España; lo es, en cambio, el particularismo del industrial, del militar, del aristócrata, del empleado.

9. PRONUNCIAMIENTOS

He mostrado la acción directa como una táctica que se deriva inevitablemente del particularismo, del no querer contar con los demás. A su vez, el no contar con los demás tiene su causa inmediata en una falta de perspicacia, de vigilancia intelectual. Cuanto más torpes seamos y más angosto nuestro horizonte de curiosidades e intuiciones, menos cosas habitarán nuestro paisaje y con mayor facilidad nos olvidaremos de que el prójimo existe.

La acción directa y la cerrazón mental de que proviene se presentan ya en nuestra historia del siglo XIX con carácter incipiente. Al menos, yo no puedo acordarme de los castizos «pronunciamientos» sin pensar que ellos fueron en pequeño lo que ahora se hace en grande. Algún día publicaré ciertas notas compuestas tiempo hace sobre la curiosa psicología de los «pronunciamientos». Ahora me interesa sólo destacar un par de rasgos.

Aquellos coroneles y generales, tan atractivos por su temple heroico y su sublime ingenuidad, pero tan cerrados de cabeza, estaban convencidos de su «idea», no como está convencido un hombre normal, sino como suelen los locos y los imbéciles. Cuando un loco o un imbécil se convence de algo, no se da por convencido él solo, sino que, al mismo tiempo, cree que están convencidos todos los demás mortales. No consideran, pues, necesario esforzarse en persuadir a los demás poniendo los medios oportunos; les basta con proclamar, con «pronunciar» la opinión de que se trata; en todo el que no sea miserable o perverso repercutirá la incontrastable verdad. Así, aquellos generales y coroneles creían que con dar ellos el «grito» en un cuartel toda la anchura de España iba a resonar en ecos coincidentes.

Consecuencia de esto era que los conspiradores no solían preocuparse de preparar a tiempo grandes núcleos auxiliares, ni siquiera numerosas fuerzas de combate. ¿Para qué? Los «pronunciados» no creían nunca que fuese preciso luchar de firme para obtener el triunfo.

Seguros de que casi todo el mundo, en secreto, opinaba como ellos, tenían fe ciega en el efecto mágico de «pronunciar» una frase. *No iban, pues, a luchar, sino a tomar posesión del Poder público.*

Yo creo que casi todos los movimientos políticos de los últimos años reproducen esos dos caracteres de los «pronunciamientos».

Quedaría incompleto y aun tergiversado el análisis del estado presente de España que estas páginas ensayan, si se entendiera que la inquietud particularista descrita en ellas ha engendrado un ambiente de feroz lucha entre unas clases y otras. ¡Ojalá que hubiese en España alguien con ansia de luchar! Por desgracia, acontece lo contrario. Hay disociación; pero lo que podía hacerla fecunda, una impetuosa voluntad de combatir que pudiera llevar a una recomposición, falta por completo.

Es suficientemente notorio que para encender una vela hace falta a lo menos que la vela esté apagada. Del mismo modo, para sentir afán de combatir hace falta a lo menos no estar convencido de que se ha ganado ya la batalla. No hay estados de espíritu más divergentes que el del combatiente y el del triunfante. El que, en efecto, quiere luchar, empieza por creer que el enemigo existe, que es poderoso; por tanto, peligroso; por tanto, respetable. Procurará, en vista de ello, aunar todas las colaboraciones posibles; empleará todos los resortes de la gracia persuasiva, de la dialéctica, de la cordialidad y aun de la astucia para enrolar bajo su bandera cuantas fuerzas pueda. El que se cree victorioso procederá inversamente: tiene ya a su espalda inerte al enemigo. No necesita andar con contemplaciones, ni halagar a nadie para que le ayude, ni fingir aptitudes amplias, generosas, que arrastren en pos de sí los corazones. Por el contrario, tenderá a reducir sus filas para repartir entre menos el botín de la victoria y, marchando en vía directa, tomará posesión de lo conquistado. La acción directa, en suma, es la táctica del victorioso, no la del luchador.

Vuélvase la vista a cualquiera de los movimientos

políticos que se han disparado en estos años, y se verá
cómo la táctica seguida en ellos revela que surgieron no
para pelear, sino, al contrario, por creer que tenían de
antemano ganada la partida.

En 1917 intentan obreros y republicanos una revolu-
cioncita. El desmandamiento militar de julio les había
hecho creer que era el momento. ¿El momento de qué?
¿De batallar? No, al revés: el momento de tomar posesión del Poder público, que parecía yacer en medio del
arroyo, como *res nullius*. Por esto, aquellos socialistas y
republicanos no quisieron contar con nadie, no llamaron
con palabras fervorosas y de elevada liberalidad al resto
de la nación. Supusieron que casi todo el mundo deseaba
lo mismo que ellos, y procedieron a dar el «grito» en tres
o cuatro barrios de otras poblaciones.

Pocos años antes había surgido el «maurismo». Don
Antonio Maura, en medio de no pocos aciertos, cometió
el error de «pronunciarse». Fue un «pronunciamiento» de
levita. Creyó que existía una masa de españoles, la más
importante en número y calidad, apartada de la vida
pública por asco hacia los usos políticos. Presumió que
esta «masa neutra», ardiendo en convicciones idénticas a
las suyas, gustaba del rígido gesto autoritario, profesaba
el más fervoroso y tradicional catolicismo y se deleitaba
con la prosa churrigueresca de nuestro siglo XVII. Basta-
ba con dar el «grito» para que aquel torso de España
despertase a la vida pública. A lo sumo, convendría
hostigar un poco su inveterada inercia haciendo obliga-
torio el sufragio. ¿Y los demás, los que no coincidían de
antemano con él? ¡Ah!, esos no existían, y si existían,
eran unos precitos. En vez de atraerlos, persuadirlos o
corregirlos, lo urgente era excluirlos, eliminarlos, distan-
ciarlos, trazando una mágica línea entre los buenos y los
malos. De aquí el famoso «Nosotros somos nosotros».
En su época culminante, don Antonio Maura no ha
hecho el menor ademán para convencer al que no
estuviese ya convencido.

Años de soledad han enseñado al egregio espíritu del

señor Maura que para hacer grandes cosas es la peor una táctica de exclusiones. Precisamente, para que sean fecundas ciertas eliminaciones ejemplares es necesario compensarlas con magnánimos apelativos de colaboración, con llamamientos generosos hacia los cuatro puntos cardinales que permitan a todos los ciudadanos sentirse aludidos. Las revoluciones y cambios victoriosos han solido hacerse con ideas de amplísimo seno, al paso que la revolución obrera va en derrota, por su absurda pretensión de triunfar a fuerza de exclusiones.

Es penoso observar que desde hace muchos años, en el periódico, en el sermón y en el mitin, se renuncia desde luego a convencer al infiel y se habla sólo al parroquiano ya convicto. A esto se debe el progresivo encanijamiento de los grupos de opinión. Ninguno crece; todos se contraen y disminuyen. Los «drusos» del Líbano son enemigos del proselitismo por creer que el que es «drusita» ha de serlo desde toda la eternidad. En tal sentido, somos bastante drusos todos los españoles.

Nos falta la cordial efusión del combatiente y nos sobra la arisca soberbia del triunfante. No queremos luchar: queremos simplemente vencer. Como esto no es posible, preferimos vivir de ilusiones y nos contentamos con proclamarnos ilusamente vencedores en el parvo recinto de nuestra tertulia de café, de nuestro casino, de nuestro cuarto de banderas o simplemente de nuestra imaginación.

Quien desee que España entre en un período de consolación, quien en serio ambicione la victoria deberá contar con los demás, aunar fuerzas y, como Renan decía, «excluir toda exclusión»[1].

La insolidaridad actual produce un fenómeno muy

---

[1] En 1915 me ocurría escribir: «No somos de ningún partido actual porque las diferencias que separan unos de otros responden, cuando más, a palabras y no a diferencias reales de opinión. Hay que confundir los partidos de hoy para que sean posibles mañana nuevos partidos vigorosos.» Revista *España*, número 1. [En *Obras Completas*, vol. X, pág. 273.]

característico de nuestra vida pública —que debieran todos meditar—: *cualquiera tiene fuerza para deshacer* —el militar, el obrero, éste o el otro político, éste o el otro grupo de periódicos—; *pero nadie tiene fuerza para hacer, ni siquiera para asegurar sus propios derechos.*

Hay muy escasas energías en España: si no las atamos unas con otras, no juntaremos lo bastante para mandar cantar a un ciego. Alguna vez he dicho que la mejor política va sugerida en el humilde apotegma de Sancho: «En trayéndote la vaquilla, corre con la soguilla.»

Pero, en lugar de correr con la soguilla, parecemos resueltos a ir trucidando todas las vaquillas.

SEGUNDA PARTE

LA AUSENCIA DE LOS MEJORES

1. ¿NO HAY HOMBRES, O NO HAY MASAS?

Me interesa que las curvas impuestas por el desarrollo de toda idea un poco compleja no despojen de claridad a la trayectoria seguida en este ensayo. He intentado en él sugerir que la actualidad pública de España se caracteriza por un imperio casi exclusivo del particularismo y la táctica de acción directa que le es aneja. A este fin convenía partir, como del hecho más notorio, del separatismo catalán y vasco. Pero la opinión vulgar ve en él no más que una especie de tumor inesperado y casual sobrevenido a la carne española, y cree descubrir su más grave malignidad en lo que, a mi juicio, es solamente adjetivo y mero pretexto que una desazón más profunda busca para airearse. Catalanismo y bizcaitarrismo no son síntomas alarmantes por lo que en ellos hay de positivo y peculiar —la afirmación «nacionalista»—, sino por lo que en ellos hay de negativo y común al gran movimiento de desintegración que empuja la vida toda de España. Por esta razón, era interesante mostrar primero que estos separatismos de ahora no hacen sino continuar el progresivo desprendimiento territorial sufrido por España durante tres siglos. Luego convenía hacer patente la identidad que, bajo muecas diversas, existe entre el particularismo regional y el de las clases, grupos y gremios. Si se advierte que un mismo rodaje de últimas tendencias y emociones mueve el catalanismo y la actuación del Ejército —dos cosas a primera vista antagónicas—, se evitará el error de localizar el mal donde no está. La realidad histórica es a menudo como la urraca de la pampa

> *que en un* lao *pega los gritos*
> *y en otro pone los huevos.*

De esta manera puede contribuir este estudio a dirigir la atención hacia estratos más hondos y extensos de la existencia española, donde en verdad anidan los dolores que luego dan sus gritos en Barcelona o en Bilbao.

Se trata de una extremada atrofia en que han caído aquellas funciones espirituales cuya misión consiste precisamente en superar el aislamiento, la limitación del individuo, del grupo o de la región. Me refiero a la múltiple actividad que en los pueblos sanos suele emplear el alma individual en la creación o recepción de grandes proyectos, ideas y valores colectivos.

Como ejemplo curioso de esta atrofia puede servir el tópico, en apariencia inocente, de que «hoy no hay hombres en España». Yo creo que si un Cuvier de la historia encontrase el hueso de esta sencilla frase, tan repetida hoy entre nosotros, podría reconstruir el esqueleto entero del espíritu público español durante los años corrientes.

Cuando se dice «que hoy no hay hombres», se sobredice que ayer sí los había. Aquella frase no pretende significar nada absoluto, sino meramente una evaluación comparativa entre el hoy y el ayer. Ayer es, para estos efectos, la época feliz de la Restauración y la Regencia, en que aún había «hombres».

Si fuésemos herederos de una edad tan favorable que durante ella hubiesen florecido en España un Bismarck o un Cavour, un Víctor Hugo o un Dostoyewsky, un Faraday o un Pasteur, el reconocimiento de que hoy no había tales hombres sería la cosa más natural del mundo. Pero Restauración y Regencia no sólo transcurrieron exentas de tamañas figuras, sino que representan la hora de mayor declinación en los destinos étnicos de España. Nadie puede dudar de que el contenido de nuestro pueblo es hoy muy superior al de aquel tiempo. En ciencia como en riqueza, ha crecido de entonces acá España en proporciones considerables.

Sin embargo, ayer había «hombres» y hoy no. Esto debe escamarnos un poco. ¿Qué género de «hombría» gozaban aquellos que eran «hombres» y hoy falta a los pseudo-hombres vivientes? ¿Eran más inteligentes, más capaces en sus personas? ¿Había mejores médicos o ingenieros que ahora? ¿Conocía Echegaray la matemática mejor que Rey Pastor? ¿Era más enérgico y perspicaz Ruiz Zorrilla que Lerroux? ¿Se encerraba más agudeza en Sagasta que en el conde de Romanones? ¿Había más ciencia en la obra de Menéndez Pelayo que en la de Menéndez Pidal? ¿Valían más los estremecimientos poéticos de Núñez de Arce que los de Rubén Darío? ¿Escribía mejor castellano Valera que Pérez de Ayala? Para todo el que juzgue con imparcialidad y alguna competencia, no es dudoso que en casi todas las disciplinas y ejercicios hay hoy españoles tan buenos, si no mejores, que los de ayer, aunque tan pocos hoy como ayer.

Sin embargo, tiene razón el tópico: ayer había «hombres» y hoy no. La «hombría» que, sin darse cuenta de ello, echa hoy la gente de menos, no consiste en las dotes que la persona tiene, sino precisamente en las que el público, la muchedumbre, la masa pone sobre ciertas personas elegidas. En estos años han ido muriendo los últimos representantes de aquella edad de «hombres». Los hemos conocido y tratado. ¿Quién podría en serio atribuirles calidades de inteligencia y eficacia que no fueran superlativamente modestas? No obstante, a nosotros mismos nos parecían «hombres». La «hombría» estaba, no en sus personas, sino en torno a ellas: era una mística aureola, un nimbo patético que los circundaba proveniente de su representación colectiva. Las masas habían creído en ellos, los habían exaltado, y esta fe, este respeto multitudinario aparecían condensados en el dintorno de su mediocre personalidad.

Tal vez no haya cosa que califique más certeramente a un pueblo y a cada época de su historia como el estado de las relaciones entre la masa y la minoría directora. La acción pública —política, intelectual y educativa— es, según su nombre indica, de tal carácter que el individuo por sí solo, cualquiera que sea el grado de su genialidad, no puede ejercerla eficazmente. La influencia pública o, si se prefiere llamarla así, la influencia social, emana de energías muy diferentes de las que actúan en la influencia privada que cada persona puede ejercer sobre la vecina. Un hombre no es nunca eficaz por sus cualidades individuales, sino por la energía social que la masa ha depositado en él. Sus talentos personales fueron sólo el motivo, ocasión o pretexto para que se condensase en él ese dinamismo social.

Así, un político irradiará tanto de influjo público cuanto sea el entusiasmo y confianza que su partido haya concentrado en él. Un escritor logrará saturar la conciencia colectiva en la medida que el público sienta hacia él devoción. En cambio, sería falso decir que un individuo influye en la proporción de su talento o de su laboriosidad. La razón es clara: cuanto más hondo, sabio y agudo sea un escritor, mayor distancia habrá entre sus ideas y las del vulgo, y más difícil su asimilación por el público. Sólo cuando el lector vulgar tiene fe en el escritor y le reconoce una gran superioridad sobre sí mismo, pondrá el esfuerzo necesario para elevarse a su comprensión. En un país donde la masa es incapaz de humildad, entusiasmo y adoración a lo superior se dan todas las probabilidades para que los únicos escritores influyentes sean los más vulgares; es decir, los más fácilmente asimilables; es decir, los más rematadamente imbéciles.

Lo propio acontece con el público. Si la masa no abre, *ex abundantia cordis,* por fervorosa impulsión, un largo margen de fe entusiasta a un hombre público, antes bien, creyéndose tan lista como él, pone en crisis cada uno de sus actos y gestos, cuanto más fino sea el político, más irremediables serán las malas inteligencias, menos sólida su postura, más escaso estará de verdadera representación colectiva. ¿Y cómo podrá vencer al enemigo un político que se ve obligado cada día a conquistar humildemente su propio partido?

Venimos, pues, a la conclusión de que los «hombres» cuya ausencia deplora el susodicho tópico son propiamente creación efusiva de las masas entusiastas y, en el mejor sentido del vocablo, mitos colectivos.

En las horas de historia ascendente, de apasionada instauración nacional, las masas se sienten masas, colectividad anónima que, amando su propia unidad, la simboliza y concreta en ciertas personas elegidas, sobre las cuales decanta el tesoro de su entusiasmo vital. Entonces se dice que «hay hombres». En las horas decadentes, cuando una nación se desmorona, víctima del particularismo, las masas no quieren ser masas, cada miembro de ellas se cree personalidad directora, y, revolviéndose contra todo el que sobresale, descarga sobre él su odio, su necedad y su envidia. Entonces, para justificar su inepcia y acallar un íntimo remordimiento, la masa dice que no «hay hombres».

Es completamente erróneo suponer que el entusiasmo de las masas depende del valer de los hombres directores. La verdad es estrictamente lo contrario: el valor social de los hombres directores depende de la capacidad de entusiasmo que posea la masa. En ciertas épocas parece congelarse el alma popular; se vuelve sórdida, envidiosa, petulante y se atrofia en ella el poder de crear mitos sociales. En tiempos de Sócrates había hombres tan fuertes como pudo ser Hércules; pero el alma de Grecia se había enfriado, e incapaz de segregar míticas fosforescencias, no acertaba ya a imaginar en torno al forzudo un radiante zodíaco de doce trabajos.

Atiéndase a la vida íntima de cualquier partido actual. En todos, incluso en los de la derecha, presenciamos el lamentable espectáculo de que, en vez de seguir al jefe del partido, es la masa de éste quien gravita sobre su jefe. Existe en la muchedumbre un plebeyo resentimiento contra toda posible excelencia y luego de haber negado a los hombres mejores todo fervor y social consagración, se vuelve a ellos y les dice: «No hay hombres.»

¡Curioso ejemplo de la sólita incongruencia entre lo que la opinión pública dice y lo que más en lo hondo siente! Cuando oigáis decir: «Hoy no hay hombres», entended: «Hoy no hay masas.»*

2. IMPERIO DE LAS MASAS

Una nación es una masa humana organizada, estructurada por una minoría de individuos selectos. Cualquiera que sea nuestro credo político, nos es forzoso reconocer esta verdad, que se refiere a un estrato de la realidad histórica mucho más profundo que aquel donde se agitan los problemas políticos. La forma jurídica que adopte una sociedad nacional podrá ser todo lo democrática y

_____

* [Las páginas precedentes de este libro se publicaron inicialmente en el diario *El Sol* los días 16 y 19-XII-1920, 13 y 22-I-1921 y 2 y 9-II-1921. Al término de ellas se incluía bajo el epígrafe «Conclusión», el texto siguiente:

«No aspiraba este ensayo a otra cosa que a diagnosticar el mayor mal presente de nuestra España, ¿las causas?, ¿los medios de curarlo? Me parece muy difícil que alguien lleve en su bolsillo la receta suficiente. Los orígenes del morbo terrible son viejos, muy viejos; en rigor, van unidos a la raíz misma de nuestro espíritu étnico. Los pueblos triunfan por sus virtudes y buenas dotes, pero fracasan por no atender en sazón a sus defectos. El coloso de piedra olvida sus pies de barro. España, más que los pies, ha tenido de barro la testa. Conforme pasan los años y con ellos se van acumulando experiencias y meditaciones, crece en mí la sospecha de que nuestra facultad más enteca ha sido siempre el aun comunista que quepa imaginar; no obstante, su constitución viva, transjurídica, consistirá siempre en la acción dinámica de una minoría sobre una masa. Se trata de una ineludible ley natural que representa en la biología de las sociedades un papel semejante al de la ley de las densidades en física. Cuando en un líquido se arrojan cuerpos sólidos de diferente densidad, acaban éstos siempre por quedar situados a la altura que a su densidad corresponde. Del mismo modo, en toda agrupación humana se produce espontáneamente una articulación de sus miembros según la diferente densidad vital que poseen. Esto se advierte ya en la forma más simple de sociedad, en la conversación. Cuando seis hombres se reúnen para conversar, la masa indiferenciada de interlocutores que al principio son, queda poco después articulada en dos partes, una de las cuales dirige en la conversación a la otra, influye en ella, regala más que recibe. Cuando esto no acontece, es que la parte inferior

intelecto. Nunca tuvimos mucho, y casi perpetuamente hemos descuidado ese cultivo. ¿Cómo convencer a un pueblo entero de que es poco inteligente y de que no se salvará mientras no se convenza de ello? No seré yo quien tenga la avilantez de intentarlo.

Concluyo, pues, estos estudios sobre la hora presente de España con tres sencillas observaciones:

Primera. Un pueblo vive de lo mismo que le dio la vida: la aspiración. Para mantenerlo unido es preciso tener siempre ante sus ojos un proyecto sugestivo de vida en común. Sólo grandes, audaces empresas despiertan los profundos instintos vitales de las grandes masas humanas. No el pasado, sino el futuro; no la tradición, sino el afán.

Segunda. Esas grandes empresas no pueden hoy, por lo pronto, consistir más que en una gigantesca, dinámica reforma de la vida interior de España orientada hacia un destino internacional: la unificación espiritual de los pueblos de habla española. España tiene que volver al crisol de una reforma omnímoda que, fundiendo sus partes, torne a unirlas, Reforma y América.

Tercera. Nada de eso se puede iniciar sin convencernos antes de que en España hoy, como siempre, es reducidísimo el número de hombres bien dotados. Si no es situado cada cual en el puesto donde mayor rendimiento pueda dar, todo será vano. Culto al hombre selecto.»

Al prolongar las páginas precedentes y publicarlas en forma de libro, Ortega omitió esta «Conclusión», que se reproduce, por primera vez, en esta nueva edición de *España invertebrada*.]

del grupo se resiste anómalamente a ser dirigida, influida por la porción superior, y entonces la conversación se hace imposible. Así, cuando en una nación la masa se niega a ser masa —esto es, a seguir a la minoría directora—, la nación se deshace, la sociedad se desmembra, y sobreviene el caos social, la invertebración histórica.

Un caso extremo de esta invertebración histórica estamos ahora viviendo en España.

Todas las páginas de este rápido ensayo tienden a corregir la miopía que usualmente se padece en la percepción de los fenómenos sociales. Esa miopía consiste en creer que los fenómenos sociales, históricos, son los fenómenos políticos, y que las enfermedades de un cuerpo nacional son enfermedades políticas. Ahora bien, lo político es ciertamente el escaparate, el dintorno o cutis de lo social. Por eso es lo que salta primero a la vista. Y hay, en efecto, enfermedades nacionales que son meramente perturbaciones políticas, erupciones o infecciones de la piel social. Pero esos morbos externos no son nunca graves. Cuando lo que está mal en un país es la política, puede decirse que nada está muy mal. Ligero y transitorio el malestar, es seguro que el cuerpo social se regulará a sí mismo un día u otro.

En España, por desgracia, la situación es inversa. El daño no está tanto en la política como en la sociedad misma, en el corazón y en la cabeza de casi todos los españoles.

¿Y en qué consiste esta enfermedad? Se oye hablar a menudo de la «inmoralidad pública», y se entiende por ella la falta de justicia en los tribunales, la simonía en los empleos, el latrocinio en los negocios que dependen del Poder público. Prensa y Parlamento dirigen la atención de los ciudadanos hacia esos delitos como a la causa de nuestra progresiva descomposición. Yo no dudo que padezcamos una abundante dosis de «inmoralidad pública»; pero, al mismo tiempo, creo que un pueblo sin otra enfermedad más honda que esa podría pervivir y aun engrosar. Nadie que haya deslizado la vista por la historia universal puede desconocer esto: si se quiere un ejemplo escandaloso y nada remoto, ahí está la historia de los Estados Unidos durante los últimos cincuenta años. A lo largo de ellos ha corrido por la vida norteamericana un Mississipí de «inmoralidad pública». Sin embargo, la nación ha crecido gigantescamente, y las estrellas de la Unión son hoy una de las mayores constelaciones del firmamento internacional. Podrá irritar nuestra conciencia ética el hecho escandaloso de que esas formas de «inmoralidad» no aniquilen a un pueblo, antes bien, coincidan con su encumbramiento; pero mientras nos irritamos, la realidad sigue produciéndose según ella es y no según nosotros pensamos que debía ser.

La enfermedad española es, por malaventura, más grave que la susodicha «inmoralidad pública». Peor que tener una enfermedad es ser una enfermedad. Que una sociedad sea inmoral, tenga o contenga inmoralidad, es grave; pero que una sociedad no sea una sociedad, es mucho más grave. Pues bien: este es nuestro caso. La sociedad española se está disociando desde hace largo tiempo porque tiene infeccionada la raíz misma de la actividad socializadora.

El hecho primario social no es la mera reunión de unos cuantos hombres, sino la articulación que en ese ayuntamiento se produce inmediatamente. El hecho primario social es la organización en dirigidos y directores de un montón humano. Esto supone en unos cierta capacidad para dirigir; en otros, cierta facilidad íntima para dejarse dirigir[1]. En suma: donde no hay una minoría que actúe sobre una masa colectiva, y una masa que sabe aceptar el influjo de una minoría, no hay sociedad, o se está muy cerca de que no la haya.

---

[1] Como luego verá el lector, no se trata exclusivamente, ni siquiera principalmente, de directores y dirigidos en el sentido político; esto es, de gobernantes y gobernados. Lo político, repito, es sólo una faceta de lo social.

Pues bien: en España vivimos hoy entregados al imperio de las masas. Los miopes no lo creen así porque, en efecto, no ven motines en las calles ni asaltos a los bancos y ministerios. Pero esa revolución callejera significaría sólo el aspecto político que toma, a veces, el imperio de una masa social determinada: la proletaria.

Yo me refiero a una forma de dominio mucho más radical que la algarada en la plazuela, más profunda, difusa, omnipresente, y no de una sola masa social, sino de todas, y en especie de las masas con mayor poderío: las de clase media y superior.

En el capítulo anterior he aludido al extraño fenómeno de que, aun en los partidos políticos de la extrema derecha, no son los jefes quienes dirigen a sus masas, sino éstas quienes empujan violentamente a sus jefes para que adopten tal o cual actitud. Así hemos visto que los jóvenes «mauristas» no han aceptado la política internacional que durante la guerra Maura proponía, sino, al revés, han pretendido imponer a su jefe la política internacional que en sus cabezas livianas y atropelladas —cabezas de «masa»— se había instalado. Lo propio aconteció con los carlistas, que han coceado en masa a su conductor, obligándole a una retirada.

Las Juntas de Defensa no son, a la postre, sino otro ejemplo de esa subversión moral de las masas contra la minoría selecta. En los cuartos de banderas se ha creído de buena fe —y esta buena fe es lo morboso del hecho— que allí se entendía de política más que en los lugares donde, por obligación o por devoción, se viene desde hace muchos años meditando sobre los asuntos públicos.

Este fenómeno mortal de insubordinación espiritual de las masas contra toda minoría eminente se manifiesta con tanta mayor exquisitez cuanto más nos alejamos de la zona política. Así el público de los espectáculos y conciertos se cree superior a todo dramaturgo, compositor o crítico, y se complace en cocear a unos y otros. Por muy escasa discreción y sabiduría que goce un crítico, siempre ocurrirá que posee más de ambas calidades que la mayoría del público. Sería lo natural que ese público sintiese la evidente superioridad del crítico y, reservándose toda la independencia definitiva que parece justa, hubiese en él la tendencia de dejarse influir por las estimaciones del entendido. Pero nuestro público parte de un estado de espíritu inverso a éste: la sospecha de que alguien pretenda entender de algo un poco más que él, le pone fuera de sí.

En la misma sociedad aristócrata acontece lo propio. No son las damas mejor dotadas de espiritualidad y elegancia quienes imponen sus gustos y maneras, sino al revés, las damas más aburguesadas, toscas e inelegantes, quienes aplastan con su necedad a aquellas criaturas excepcionales.

Dondequiera asistimos al deprimente espectáculo de que los peores, que son los más, se revuelven frenéticamente contra los mejores.

¿Cómo va a haber organización en la política española, si no la hay ni siquiera en las conversaciones? España se arrastra invertebrada, no ya en su política, sino, lo que es más hondo y substantivo que la política, en la convivencia social misma.

De esta manera no podrá funcionar mecanismo alguno de los que integran la máquina pública. Hoy se parará una institución, mañana otra, hasta que sobrevenga el definitivo colapso histórico.

Ni habrá ruta posible para salir de tal situación, porque, negándose la masa a lo que es su biológica misión, esto es, a seguir a los mejores, no aceptará ni escuchará las opiniones de éstos, y sólo triunfarán en el ambiente colectivo las opiniones de la masa, siempre inconexas, desacertadas y pueriles.

3.   EPOCAS «KITRA» Y EPOCAS «KALI»

Cuando la masa nacional degenera hasta el punto de caer en un estado de espíritu como el descrito, son inútiles razonamientos y predicación. Su enfermedad consiste precisamente en que no quiere dejarse influir, en que no está dispuesta a la humilde actitud de escuchar. Cuanto más se la quiera adoctrinar, más herméticamente cerrará sus oídos y con mayor violencia pisoteará a los predicadores. Para sanar será preciso que sufra en su propia carne las consecuencias de su desviación moral. Así ha acontecido siempre.

Las épocas de decadencia son las épocas en que la minoría directora de un pueblo —la aristocracia— ha perdido sus cualidades de excelencia, aquéllas precisamente que ocasionaron su elevación. Contra esa aristocracia ineficaz y corrompida se rebela la masa justamente. Pero, confundiendo las cosas, generaliza las objeciones que aquella determinada aristocracia inspira, y, en vez de sustituirla con otra más virtuosa, tiende a eliminar todo intento aristocrático. Se llega a creer que es posible la existencia social sin minoría excelente; más aún: se construyen teorías políticas e históricas que presentan como ideal una sociedad exenta de aristocracia. Como esto es positivamente imposible, la nación prosigue aceleradamente su trayectoria de decadencia. Cada día están las cosas peor. Las masas de los distintos grupos sociales —un día, la burguesía; otro, la milicia; otro, el proletariado— ensayan vanas panaceas de buen gobierno que en su simplicidad mental imaginaban poseer. Al fin, el fracaso de sí mismas, experimentado al actuar, alumbra en sus cabezas, como un descubrimiento, la sospecha de que las cosas son más complicadas de lo que ellas suponían, y, consecuentemente, que no son ellas las llamadas a regirlas. Paralelamente a este fracaso político padecen en su vida *privada* los resultados de la desorganización. La seguridad pública peligra; la economía *privada* se debilita; todo se vuelve angustioso y desesperante; no hay donde tornar la mirada que busca socorro. Cuando la sensibilidad colectiva llega a esta sazón, suele iniciarse una nueva época histórica. El dolor y el fracaso crean en las masas una nueva actitud de sincera humildad, que les hace volver la espalda a todas aquellas ilusiones y teorías antiaristocráticas. Cesa el rencor contra la minoría eminente. Se reconoce la necesidad de su intervención específica en la convivencia social. De esta suerte, aquel ciclo histórico se cierra y vuelve a abrirse otro. Comienza un período en que se va a formar una nueva aristocracia.

Repito que todo este proceso se desarrolla no sólo ni siquiera principalmente en el orden político. Las ideas de aristocracia y masa han de entenderse referidas a todas las formas de relación interindividual, y actúan en todos los puntos de la coexistencia humana. Precisamente allí donde su acción pudiera juzgarse más baladí es donde ejercen su influjo más decisivo y primario. Cuando la subversión moral de la masa contra la minoría mejor llega a la política, ha recorrido ya todo el cuerpo social.

Hay en la historia una perenne sucesión alternada de dos clases de épocas: épocas de formación de aristocracia, y con ellas de la sociedad, y épocas de decadencia de esas aristocracias, y con ellas disolución de la sociedad. En los *purana* indios se las llama época *Kitra* y época *Kali*, que en ritmo perdurable se siguen una a otra. En las épocas *Kali*, el régimen de castas degenera; los *sudra*, es decir, los inferiores, se encumbran porque Brahma ha caído en sopor. Entonces Vishnú toma la forma terrible de Siva y destruye las formas existentes: el crepúsculo de los dioses alumbra lívido el horizonte. Al cabo, Brahma despierta, y bajo la fisonomía de Vishnú, el dios benigno, recrea el Cosmos de nuevo y hace alborear la nueva época *Kitra*[1].

A los hombres de una época *Kali*, como ha sido la que en nosotros concluye, les irrita sobremanera la idea de las castas. Y, sin embargo, se trata de un pensamiento profundo y certero. Dos elementos muy distintos y de valor desigual se unen en él.

Por un lado, la idea de la organización social en castas significa el convencimiento de que la sociedad tiene una

---

[1] Véase Max Weber: *Religionssoziologie,* II, 1921.

estructura propia, que consiste objetivamente, queramos o no, en una jerarquía de funciones. Tan absurdo como sería querer reformar el sistema de las órbitas siderales, o negarse a reconocer que el hombre tiene cabeza y pies; la tierra, norte y sur; la pirámide, cúspide y base, es ignorar la existencia de una contextura esencial a toda sociedad, consistente en un sistema jerárquico de funciones colectivas.

El otro elemento que, infiltrándose en el primero, forma el concepto de casta, proviene del criterio para distinguir qué individuos deben ejercer esas diferentes funciones. El indo, dominado por una interpretación mágica de la naturaleza, cree que la capacidad para ejercer una función va adscrita, como mística gracia, a la sangre. Sólo podrá ser buen guerrero el hijo del guerrero, y buen hortelano el hijo del hortelano. Los individuos son, pues, repartidos en los diversos rangos sociales en virtud de un principio genealógico, de herencia sanguínea.

Elimínese este principio mágico del régimen de castas, y quedará una concepción de la sociedad más honda y trascendente que las hoy prestigiosas. Después de todo, la ideología política moderna ha estado dirigida por una inspiración no menos mágica que la asiática, aunque de signo inverso. Se pretende que la sociedad sea según a nosotros se nos antoja que *debe ser*. ¡Como si ella no tuviera su inmutable estructura o esperase a recibirla de nuestro deseo! Todo el utopismo moderno es magia. No pasará mucho tiempo sin que el gesto de Kant, decretando cómo *debe ser* la sociedad, parezca a todos un torpe ademán mágico.

4. LA MAGIA DEL «DEBE SER»

La cuestión de las relaciones entre aristocracia y masa suele plantearse desde hace dos siglos bajo una perspectiva ética o jurídica. No se habla más que de si la constitución política, desde un punto de vista moral o de justicia, *debe ser* o *no debe ser* aristocrática. En vez de analizar previamente lo que *es,* las condiciones ineludibles de cada realidad, se procede desde luego a dictaminar sobre cómo *deben ser* las cosas. Este ha sido el vicio característico de los «progresistas», de los «radicales» y, más o menos, de todo el espíritu llamado «liberal» o «democrático». Se trata de una actitud mental sobremanera cómoda. Es muy fácil, en efecto, dibujar una organización social esquemática que presente una faz atractiva. Basta para ello que supongamos imaginariamente realizados nuestros deseos o que, abandonando el intelecto a su puro movimiento dialéctico, construyamos *more geometrico* un cuerpo social exento de cuanto nos parece vicio y dotado de perfecciones formales análogas a las que tienen un polígono o un dodecaedro. Pero esta suplantación de lo real por lo abstractamente deseable es un síntoma de puerilidad[1]. No basta que algo sea deseable para que sea realizable, y, lo que es aún más importante, no basta que una cosa se nos antoje deseable para que lo sea en verdad. Sometido al influjo de las inclinaciones dominantes en nuestro tiempo, yo he vivido también durante algunos años ocupado en resolver esquemáticamente cómo *deben ser* las cosas. Cuando luego entré de lleno en el estudio y meditación del pasado histórico, me sorprendió superlativamente hallar que la realidad social había sido en ocasiones mucho más deseable, más rica en valores, más próxima a una verdadera perfección, que todos mis sórdidos y parciales esquemas.

Porque, no hay duda, ese *debe ser* que desde el siglo XVIII, inventor del «progresismo», pretende operar mágicamente sobre la historia, es, por lo pronto, un *debe ser*

---

[1] Véase sobre psicología infantil mi ensayo «Biología y Pedagogía», publicado en el tomo tercero de *El Espectador* [1921]. Allí muestro, como característica de la infancia, una genial ceguera para cuanto hay de vicioso y desagradable en la realidad, de modo que sólo percibe sus porciones gratas y amables.

parcial. Cuando hoy se plantea la cuestión de cómo *debe ser* la sociedad, casi todo el mundo entiende que se pregunta por la perfección ética o jurídica del cuerpo social. Queda así la expresión normativa *debe ser* reducida a su significación moral, y ello hasta el punto de que casi se ha olvidado que la sociedad y el hombre contienen otros muchos problemas extraños por completo a la moralidad y a la justicia.

De esta suerte, cuando se elabora el ideal social, cuando se elucubra aquel tipo más perfecto de sociedad que *debe* sustituir a los actuales, se incluyen en él tan sólo mejoramientos éticos y jurídicos, dejando fuera todas las demás cuestiones que son moralmente indiferentes. Pero es el caso que estas cuestiones indiferentes para la moral de una sociedad son de una importancia superlativa para su existencia. ¿Es que no hay también para la solución de ellas una norma, un *debe ser,* bien que exento de significación ética o jurídica? ¿No tiene el labrador un ideal del campo, el ganadero un ideal del caballo, el médico un ideal del cuerpo? De estos ideales, ajenos a moral y derecho, los cuales no son más que la imagen de aquellos seres en su estado de mayor perfección, emanan normas expresivas de cómo debe ser este campo, este caballo, este cuerpo humano.

El *debe ser* del moralista, del jurista, es, pues, un *debe ser* parcial, fragmentario, insuficiente. Pero, al mismo tiempo, ¿no es sospechosa una ética que al dictar sus normas se olvida de cómo es en su íntegra condición el objeto cuya perfección pretende definir e imperar?

Sólo *debe ser* lo que *puede ser,* y sólo puede ser lo que se mueve dentro de las condiciones de lo que *es.* Fuera deseable que el cuerpo humano tuviese alas como el pájaro; pero como no puede tenerlas, porque su estructura zoológica se lo impide, sería falso decir que *debe* tener alas.

El ideal de una cosa, o, dicho de otro modo, lo que una cosa *debe ser,* no puede consistir en la suplantación de su contextura real, sino, por el contrario, en el perfeccionamiento de ésta. Toda recta sentencia sobre cómo deben ser las cosas presupone la devota observación de su realidad.

Por lo tanto, desde el punto de vista «ético» o «jurídico» no se puede construir el ideal de una sociedad. Esta fue la aberración de los siglos XVIII y XIX. Con la moral y el derecho solos no se llega ni siquiera a asegurar que nuestra utopía social sea plenamente justa[1]: no hablemos de otras calidades más perentorias aún que la justicia para una sociedad.

¿Cómo? ¿Cabe exigir de una sociedad que sea alguna otra cosa antes que justa? Evidentemente, antes que ser justa una sociedad tiene que ser sana, es decir, tiene que ser una sociedad. Por tanto, antes que la ética y el derecho, con sus esquemas de lo que *debe ser,* tiene que hablar el buen sentido, con su intuición de lo que *es.*

Resulta completamente ocioso discutir si una sociedad debe ser o no debe ser constituida con la intervención de la aristocracia. La cuestión está resuelta desde el primer día de la historia humana: una sociedad sin aristocracia, sin minoría egregia, no es una sociedad.

Volvamos la espalda a las éticas mágicas y quedémonos con la única aceptable, que hace veintiséis siglos resumió Píndaro en su ilustre imperativo «llega a ser lo que eres». Seamos en perfección lo que imperfectamente somos por naturaleza. Si sabemos mirarla, toda realidad nos enseñará su defecto y su norma, su pecado y su deber.

5. EJEMPLARIDAD Y DOCILIDAD

Una tosca sociología, nacida por generación espontánea y que desde hace mucho tiempo domina las opiniones

---

[1] Porque al olvidarnos de analizar con sumo respeto la realidad, propendemos ligeramente a declarar indebidas muchas cosas que poseen un profundo sentido moral. Así se ha deducido frívolamente que son injustas las diferencias jerárquicas, sin las cuales no hay sociedad que pueda nacer ni persistir.

circulantes, tergiversa estos conceptos de masa y minoría selecta, entendiendo por aquélla el conjunto de las clases económicamente inferiores, la plebe, y por ésta las clases más elevadas socialmente. Mientras no corrijamos este *quid pro quo* no adelantaremos un paso en la inteligencia de lo social.

En toda clase, en todo grupo que no padezca graves anomalías, existe siempre una masa vulgar y una minoría sobresaliente. Claro es que dentro de una sociedad saludable, las clases superiores, si lo son verdaderamente, contarán con una minoría más nutrida y más selecta que las clases inferiores. Pero esto no quiere decir que falte en aquéllas la masa. Precisamente lo que acarrea la decadencia social es que las clases próceres han degenerado y se han convertido casi íntegramente en masa vulgar.

Nada se halla, pues, más lejos de mi intención, cuando hablo de aristocracia, que referirme a lo que por descuido suele aún llamarse así.

Procuremos, pues, trasponiendo los tópicos al uso, adquirir una intuición clara sobre *la acción recíproca entre masa y minoría selecta, que es, a mi juicio, el hecho básico de toda sociedad y el agente de su evolución hacia el bien como hacia el mal.*

Cuando varios hombres se hallan juntos, acaece que uno de ellos hace un gesto más gracioso, más expresivo, más exacto que los habituales, o bien pronuncia una palabra más bella, más reverberante de sentido, o bien emite un pensamiento más agudo, más luminoso, o bien manifiesta un modo de reacción sentimental ante un caso de la vida que parece más acertado, más gallardo, más elegante o más justo. Si los presentes tienen un temperamento normal sentirán que, automáticamente, brota en su ánimo el deseo de hacer aquel gesto, de pronunciar aquella palabra, de vibrar en pareja emoción. No se trata, sin embargo, de un movimiento de imitación. Cuando imitamos a otra persona nos damos cuenta de que no somos como ella, sino que estamos fingiendo serlo. El fenómeno a que yo me refiero es muy distinto de este mimetismo. Al hallar otro hombre que es mejor, o que hace algo mejor que nosotros, si gozamos de una sensibilidad normal, desearemos llegar a ser de verdad, y no ficticiamente, como él es, y hacer las cosas como él las hace. En la imitación actuamos, por decirlo así, fuera de nuestra auténtica personalidad, nos creamos una máscara exterior. Por el contrario, en la asimilación al hombre ejemplar que ante nosotros pasa, toda nuestra persona se polariza y orienta hacia su modo de ser, nos disponemos a reformar verídicamente nuestra esencia, según la pauta admirada. En suma, percibimos como tal la *ejemplaridad* de aquel hombre y sentimos *docilidad* ante su ejemplo.

He aquí el mecanismo elemental creador de toda sociedad: la ejemplaridad de unos pocos se articula en la docilidad de otros muchos. El resultado es que el ejemplo cunde y que los inferiores se perfeccionan en el sentido de los mejores.

Esta capacidad de entusiasmarse con lo *óptimo,* de dejarse arrebatar por una perfección transeúnte, de ser dócil a un arquetipo o forma ejemplar, es la función psíquica que el hombre añade al animal y que dota de progresividad a nuestra especie frente a la estabilidad relativa de los demás seres vivos.

No es este lugar oportuno para rebatir las interpretaciones materialistas y, en general, utilitarias de la historia, arcaicos armatostes, cien veces descalificados, que aportan soluciones metafísicas a problemas de hecho como son los históricos. Y el hecho es que los miembros de toda sociedad humana, aun la más primitiva, se han dado siempre cuenta de que todo acto puede ejecutarse de dos maneras, una mejor y otra peor; de que existen normas o modos ejemplares de vivir y ser. Precisamente la docilidad a esas normas crea la continuidad de convivencia que es la sociedad. La indocilidad, esto es, la insumisión a ciertos tipos normativos de las acciones, trae consigo la dispersión de los individuos, la disociación. Ahora bien: esas normas fueron originariamente acciones ejemplares de algún individuo.

No fue, pues, la fuerza ni la utilidad[1] lo que juntó a los hombres en agrupaciones permanentes, sino el poder atractivo de que automáticamente goza sobre los individuos de nuestra especie el que en cada caso es más perfecto. Educados en un tiempo de relativa disolución, nos cuesta, como es natural, algún esfuerzo representarnos el estado de espíritu que lleva a la formación de una sociedad, porque es justamente opuesto al nuestro. Las más primitivas leyendas y mitos sobre creación de pueblos, tribus, hordas, aluden patéticamente a personas sublimes, dotadas de prodigiosas facultades, padres del grupo social. Con un torpe evemerismo muy siglo XIX, se ha explicado esto siempre diciendo que los hombres reales, un tiempo influyentes en el grupo, fueron luego idealizados, ejemplarizados por la posteridad. Pero sería inverosímil esta idealización *a posteriori* si aquellos personajes no hubiesen en vida suscitado ese ideal entusiasmo, si no hubiesen sido de hecho ideales o arquetipos. No se hizo de ellos modelo porque en vida fueron influyentes, sino, al revés, fueron influyentes, socializadores, porque fueron desde luego modelos.

En la misma angostura de las paredes donde se desarrolla la sociedad familiar, padre y madre son modelos natos de los hijos, y además, ideales el uno del otro. Cuando este influjo se aniquila, la familia se desarticula.

No se debe olvidar nunca, si se quiere llegar a una idea clara sobre las fuerzas radicales productoras de socialización, el hecho, cada vez más comprobado, de que las asociaciones primarias no fueron de carácter político y económico. El Poder, con sus medios violentos, y la utilidad, con su mecanismo de intereses, no han podido engendrar sociedades sino dentro de una asociación previa. Estas primigenias sociedades tuvieron un carácter festival, deportivo o religioso. La ejemplaridad estética, mágica o simplemente vital de unos pocos atrajo a los

---

[1] Fuerza y utilidad son como corrientes inducidas que se producen dentro del circuito social una vez que se ha formado.

dóciles. Todo otro influjo o *cracia* de un hombre sobre los demás que no sea automática emoción suscitada por el arquetipo o ejemplar en los entusiastas que le rodean, son efímeros y secundarios. No hay, ni ha habido jamás, otra *aristocracia* que la fundada en ese poder de atracción psíquica, especie de ley de gravitación espiritual que arrastra a los dóciles en pos de un modelo.

Se dice que la sociedad se divide en gente que manda y gente que obedece; pero esta obediencia no podrá ser normal y permanente sino en la medida en que el obediente ha otorgado con íntimo homenaje al que manda, el derecho a mandar.

Un hombre eminente, en vista de su ejemplaridad, fue dotado por la muchedumbre dócil de cierta autoridad pública. Muere aquel hombre y su autoridad queda como un hueco social, especie de forma anónima que otros individuos vendrán a ocupar unas veces con mérito bastante, otras sin él. A la postre, el prestigio de la autoridad durará lo que dure el recuerdo de las personas que la ejercieron.

La obediencia supone, pues, docilidad. No confundamos, por tanto, la una con la otra. Se obedece a un mandato, se es dócil a un ejemplo, y el derecho a mandar no es sino un anejo de la ejemplaridad.

Todas las demás formas de sociedad, tan complejas a veces y de tan intrincada anatomía, suponen esa gravitación originaria de las almas vulgares, pero sanas, hacia las fisonomías egregias.

De esta manera vendremos a definir la sociedad, en última instancia, como la unidad dinámica espiritual que forma un ejemplar y sus dóciles. *Esto indica que la sociedad es ya de suyo y nativamente un aparato de perfeccionamiento.* Sentirse dócil a otro lleva a convivir con él y, simultáneamente, a vivir como él; por tanto, a mejorar en el sentido del modelo. El impulso de entrenamiento hacia ciertos modelos que quede vivo en una sociedad, será lo que ésta tenga verdaderamente de tal.

Una raza humana que no haya degenerado produce

normalmente, en proporción con la cifra total de sus miembros, cierto número de individuos eminentes, donde las capacidades intelectuales, morales y, en general, vitales, se presentan con máxima potencialidad. En las razas más finas, este coeficiente de eminencias es mayor que en las razas bastas, o, dicho al revés, una raza es superior a otra cuando consigue poseer mayor número de individuos egregios.

La excelencia de estas personalidades óptimas es de tipo muy diverso. Dentro de cada clase o grupo se destacan ciertos individuos en quienes las calidades propias a la clase o grupo aparecen extremadas. Una nación no podría nutrir sus necesidades históricas si estuviese atenida a un solo tipo de excelencia. Hace falta, junto a los eminentes sabios y artistas, el militar ejemplar, el industrial perfecto, el obrero modelo y aun el genial hombre de mundo. Y tanto o más que todo esto necesita una nación de mujeres sublimes. La carencia perdurable de algunos de esos tipos cardinales de perfección concluirá por hacerse sentir en el desarrollo multisecular de la vida nacional. La raza cojeará de algún lado, y esta claudicación acarreará a la postre su total decadencia. Porque hay un cierto mínimo de funciones vitales superiores que todo pueblo necesita ejercer cumplidamente, so pena de muerte. A este fin, es necesario que en el pueblo existan siempre individuos dotados ejemplarmente para el ejercicio de aquellas funciones. De otra suerte, el nivel de ese ejercicio irá descendiendo hasta caer bajo la línea que marca el mínimo de perfección imprescindible. Tómese como ejemplo la actividad intelectual. Es evidente que una nación contemporánea no puede vivir con alguna plenitud si no sabe ejercer sus funciones intelectivas —concepción de la realidad, ciencias, técnicas, administración— con elevación, complejidad y sutileza. Ahora bien: si durante varias generaciones faltan o escasean hombres de vigorosa inteligencia que sirvan de diapasón y norma a los demás, que marquen el tono de intensidad mental exigido por los problemas del tiempo, la masa tenderá, según la ley del mínimo esfuerzo, a pensar con menos rigor cada vez; el repertorio de curiosidades, ideas, puntos de vista, menguará progresivamente hasta caer bajo el nivel impuesto por las necesidades de la época. Tendremos el caso de una raza entontecida, intelectualmente degenerada.

Este mecanismo de *ejemplaridad-docilidad,* tomado como principio de la coexistencia social, tiene la ventaja, no sólo de sugerir cuál es la fuerza espiritual que crea y mantiene las sociedades, sino que, a la vez, aclara el fenómeno de las decadencias e ilustra la patología de las naciones. Cuando un pueblo se arrastra por los siglos gravemente valetudinario, es siempre o porque faltan en él hombres ejemplares, o porque las masas son indóciles. La coyuntura extrema consistirá en que ocurran ambas cosas.

Véase hasta qué punto la cuestión de las relaciones entre aristocracia y masa es previa a todos los formalismos éticos y jurídicos, puesto que nos aparece como la raíz del hecho social.

Si ahora tornamos los ojos a la realidad española, fácilmente descubriremos en ella un atroz paisaje saturado de indocilidad y sobremanera exento de ejemplaridad. Por una extraña y trágica perversión del instinto encargado de las valoraciones, el pueblo español, desde hace siglos, detesta todo hombre ejemplar, o, cuando menos, está ciego para sus cualidades excelentes. Cuando se deja conmover por alguien, se trata, casi invariablemente, de algún personaje ruin e inferior que se pone al servicio de los instintos multitudinarios.

El dato que mejor define la peculiaridad de una raza es el perfil de los modelos que elige, como nada revela mejor la radical condición de un hombre que los tipos femeninos de que es capaz de enamorarse. En la elección de amada, hacemos, sin saberlo, nuestra más verídica confesión[1].

---

[1] Sobre la elección en amor, véase mi libro *Estudios sobre el amor.* [Nota agregada en la cuarta edición. Publicado en esta colección.]

Después de haber mirado y remirado largamente los diagnósticos que suelen hacerse de la mortal enfermedad padecida por nuestro pueblo, me parece hallar el más cercano a la verdad en la *aristofobia* u odio a los mejores.

6. LA AUSENCIA DE LOS «MEJORES»

Lo primero que el historiador debiera hacer para definir el carácter de una nación o de una época es fijar la ecuación peculiar en que las relaciones de sus masas con las minorías selectas se desarrollan dentro de ella. La fórmula que descubra será una clave secreta para sorprender las más recónditas palpitaciones de aquel cuerpo histórico.

Hay razas que se han caracterizado por una abundancia casi monstruosa de personalidades ejemplares, tras las cuales sólo había una masa exigua, insuficiente e indócil. Este fue el caso de Grecia, y este es el origen de su inestabilidad histórica. Llegó un momento en que la nación helénica vino a ser como una industria donde sólo se elaborasen modelos, en vez de contentarse con fijar unos cuantos *standard* y fabricar conforme a ellos abundante mercancía humana. Genial como cultura, fue Grecia inconsistente como cuerpo social y como Estado.

Un caso inverso es el que ofrecen Rusia y España, los dos extremos de la gran diagonal europea. Muy diferentes en otra porción de calidades, coinciden Rusia y España en ser las dos razas «pueblo»; esto es, en padecer una evidente y perdurable escasez de individuos eminentes. La nación eslava es una enorme masa popular sobre la cual tiembla una cabeza minúscula. Ha habido siempre, es cierto, una exquisita minoría que actuaba sobre la vida rusa, pero de dimensiones tan exiguas en comparación con la vastedad de la raza, que no ha podido nunca saturar de su influjo organizador el gigantesco plasma popular. De aquí el aspecto protoplasmático, amorfo, persistentemente primitivo que la existencia rusa ofrece.

En cuanto a España... Es extraño que de nuestra larga historia no se haya espumado cien veces el rasgo más característico, que es, a la vez, el más evidente y a la mano: la desproporción casi incesante entre el valor de nuestro vulgo y el de nuestras minorías selectas. La personalidad autónoma, que adopta ante la vida una actitud individual y consciente, ha sido rarísima en nuestro país. Aquí lo ha hecho todo el «pueblo», y lo que el «pueblo» no ha podido hacer se ha quedado sin hacer. Ahora bien: el «pueblo» sólo puede ejercer funciones elementales de vida; no puede hacer ciencia, ni arte superior, ni crear una civilización pertrecha de complejas técnicas, ni organizar un Estado de prolongada consistencia, ni destilar de las emociones mágicas una elevada religión.

Y, en efecto, el arte español es maravilloso en sus formas populares y anónimas —cantos, danzas, cerámica— y es muy pobre en sus formas eruditas y personales. Alguna vez ha surgido un hombre genial, cuya obra aislada y abrupta no ha conseguido elevar el nivel medio de la producción. Entre él, solitario individuo, y la masa llana no había intermediarios y, por lo mismo, no había comunicación. Y eso que aun estos raros genios españoles han sido siempre medio «pueblo», sin que su obra haya conseguido nunca liberarse por completo de una ganga plebeya o vulgar.

Uno de los síntomas que diferencian la obra ejecutada por la masa de la que produce el esfuerzo personal es la «anonimidad». Lo popular suele ser lo anónimo. Pues bien: compárese el conjunto de la historia de Inglaterra o de Francia con nuestra historia nacional, y saltará a la vista el carácter anónimo de nuestro pasado contrastando con la fértil pululación de personalidades sobre el escenario de aquellas naciones.

Mientras la historia de Francia o de Inglaterra es una historia hecha principalmente por minorías, todo lo ha hecho aquí la masa, directamente o por medio de su condensación virtual en el Poder público, político o eclesiástico. Cuando entramos en nuestras villas milenarias vemos iglesias y edificios públicos. La creación individual falta casi por completo. ¿No se advierte la pobreza de nuestra arquitectura civil privada? Los «palacios» de las viejas ciudades son, en rigor, modestísimas habitaciones en cuya fachada gesticula pretenciosamente la vanidad de unos blasones. Si se quitan a Toledo, a la imperial Toledo, el Alcázar y la Catedral, queda una mísera aldea.

De suerte que, así como han escaseado los hombres de sensibilidad artística poderosa, capaces de crearse un estilo personal, han faltado también los fuertes temperamentos que logran concentrar en su propia persona una gran energía social y merced a ello pueden realizar grandes obras de orden material o moral.

Mírese por donde plazca el hecho español de hoy, de ayer o de anteayer, siempre sorprenderá la anómala ausencia de una minoría suficiente. Este fenómeno explica toda nuestra historia, inclusive aquellos momentos de fugaz plenitud.

Pero hablar de la historia de España es hablar de lo desconocido. Puede afirmarse que casi todas las ideas sobre el pasado nacional que hoy viven alojadas en las cabezas españolas son ineptas y, a menudo, grotescas. Ese repertorio de concepciones, no sólo falsas, sino intelectualmente monstruosas, es precisamente una de las grandes rémoras que impiden el mejoramiento de nuestra vida.

Yo no quisiera aventurarme a exponer ahora con excesiva abreviatura lo que a mi juicio constituye el perfil esencial de la historia española. Son de tal modo heterodoxos mis pensamientos, dan de tal modo en rostro al canon usual, que parecería lo que dijese una historia de España vuelta del revés.

Pero hay un punto que me es forzoso tocar. Hemos oído constantemente decir que una de las virtudes preclaras de nuestro pasado consiste en que no hubo en España feudalismo. Por esta vez, la opinión reiterada es, en parte exacta: en España no ha habido apenas feudalismo; sólo que esto, lejos de ser una virtud, fue nuestra primera gran desgracia y la causa de todas las demás.

España es un organismo social, es, por decirlo así, un animal histórico que pertenece a una especie determinada, a un tipo de sociedades o «naciones» germinadas en el centro y occidente de Europa cuando el Imperio romano sucumbe. Esto quiere decir que España posee una estructura específica idéntica a la de Francia, Inglaterra e Italia. Las cuatro naciones se forman por la conjugación de tres elementos, dos de los cuales son comunes a todas y sólo uno varía. Esos tres elementos son: la raza relativamente autóctona, el sedimento civilizatorio romano y la inmigración germánica[1]. El factor romano, idéntico en todas partes, representa un elemento neutro en la evolución de las naciones europeas. A primera vista parece lógico buscar el principio decisivo que las diferencia en la base autóctona, de modo que Francia se diferenció de España lo que la raza gala se diferenciase de la ibérica. Pero esto es un error. No pretendo, claro está, negar la influencia diferenciadora de galos e iberos en el desarrollo de Francia y España; lo que niego es que sea ella la decisiva. Y no lo es por una razón sencilla. Ha habido naciones que se formaron por fusión de varios elementos en un mismo plano. A este tipo pertenecen casi todas las naciones asiáticas. El pueblo A y el pueblo B se funden sin que en el mecanismo de esa fusión corresponda a uno de ellos un rango dinámico superior. Pero nuestras naciones europeas tienen una anatomía y una fisiología histórica muy diferentes de las de esos cuerpos

---

[1] Las peripecias al través de las cuales estos tres elementos se mezclan hasta formar las entidades nacionales, son sumamente diversas en los cuatro países. Hasta qué punto esas peripecias modifican la estructura común a todos, no es cosa que quepa ni siquiera apuntar en estas páginas. Pero, dado el desconocimiento de la propia historia que padecemos los españoles, es oportuno advertir que ni los árabes constituyen un ingrediente esencial en la génesis de nuestra nacionalidad, ni su dominación explica la debilidad del feudalismo peninsular.

orientales. Como antes decía, pertenecen a una especie zoológica distinta y tienen su peculiar biología. Son sociedades nacidas de la conquista de un pueblo por otro —no de un pueblo por un ejército, como aconteció en Roma. Los germanos conquistadores no se funden con los autóctonos vencidos, en un mismo plano, horizontalmente, sino verticalmente. Podrán recibir influjos del vencido, como los recibieron de la disciplina romana; pero en lo esencial son ellos quienes imponen su estilo social a la masa sometida; son el poder plasmante y organizador; son la «forma», mientras los autóctonos son la «materia». Son el ingrediente decisivo; son los que «deciden». El carácter vertical de las estructuras nacionales europeas, que mientras se van formando las mantiene articuladas en dos pisos o estratos, me parece ser el rasgo típico de su biología histórica.

Siendo, pues, los germanos el ingrediente decisivo, también lo serán para los efectos de la diferenciación, con lo cual llego a un pensamiento que parecerá escandaloso, pero que me interesa dejar aquí someramente formulado, a saber: la diferencia entre Francia y España se deriva, no tanto de la diferencia entre galos e iberos como de la diferente calidad de los pueblos germánicos que invadieron ambos territorios. Va de Francia a España lo que va del franco al visigodo.

Por desgracia, del franco al visigodo va una larga distancia. Si cupiese acomodar los pueblos germánicos inmigrantes en una escala de mayor a menor vitalidad histórica, el franco ocuparía el grado más alto, el visigodo un grado muy inferior. Esta diferente potencialidad de uno y otro ¿era originaria, nativa? No es ello cosa que ahora podamos averiguar ni importa para nuestra cuestión. El hecho es que al entrar el franco en las Galias y el visigodo en España representan ya dos niveles distintos de energía humana. El visigodo era el pueblo más viejo de Germania; había convivido con el Imperio romano en su hora más corrupta; había recibido su influjo directo y envolvente. Por lo mismo, era el más «civilizado», esto es, el más reformado, deformado y anquilosado. Toda «civilización» recibida es fácilmente mortal para quien la recibe. Porque la «civilización» —a diferencia de la cultura— es un conjunto de técnicas mecanizadas, de excitaciones artificiales, de lujos o *luxuria* que se va formando por decantación en la vida de un pueblo. Inoculado a otro organismo popular es siempre tóxico, y en altas dosis es mortal. Un ejemplo: el alcohol fue una *luxuria* aparecida en las civilizaciones de raza blanca, que, aunque sufran daños con su uso, se han mostrado capaces de soportarlo. En cambio, transmitido a Oceanía y al Africa negra, el alcohol aniquila razas enteras.

Eran, pues, los visigodos germanos alcoholizados de romanismo, un pueblo decadente que venía dando tumbos por el espacio y por el tiempo cuando llega a España, último rincón de Europa, donde encuentra algún reposo. Por el contrario, el franco irrumpe intacto en la gentil tierra de Galia, vertiendo sobre ella el torrente indómito de su vitalidad.

Yo quisiera que mis lectores entendiesen por vitalidad simplemente el poder de creación orgánica en que la vida consiste, cualquiera que sea su misterioso origen. Vitalidad es el poder que la célula sana tiene de engendrar otra célula, y es igualmente vitalidad la fuerza arcana que crea un gran imperio histórico. En cada especie y variedad de seres vivos la vitalidad o poder de creación orgánica toma una dirección o estilo peculiar.

Como el semita y el romano tuvieron su estilo propio de vitalidad, también lo tiene el germano. Creó arte, ciencia, sociedad de una cierta manera, y sólo de ella; según un determinado módulo, y sólo según él. Cuando en la historia de un pueblo se advierte la ausencia o escasez de ciertos fenómenos típicos, puede asegurarse que es un pueblo enfermo, decadente, desvitalizado. Un pueblo no puede elegir entre varios estilos de vida: o vive conforme al suyo, o no vive. De un avestruz que no puede correr es inútil esperar que, en cambio, vuele como las águilas.

Pues bien: en la creación de formas sociales el rasgo más característico de los germanos fue el feudalismo. La palabra es impropia y da ocasión a confusiones, pero el uso la ha impuesto. En rigor, sólo debiera llamarse feudalismo al conjunto de fórmulas jurídicas que desde el siglo XI se emplean para definir las relaciones entre los «señores» o «nobles». Pero lo importante no es el esquematismo de esas fórmulas, sino el espíritu que preexistía a ellas y que luego de arrumbadas continuó operando. A ese espíritu llamo feudalismo.

El espíritu romano, para organizar un pueblo, lo primero que hace es fundar un Estado. No concibe la existencia y la actuación de los individuos sino como miembros de ese Estado, de la *civitas*. El espíritu germano tiene un estilo contrapuesto. El pueblo consiste para él en unos cuantos hombres enérgicos que con el vigor de su puño y la amplitud de su ánimo saben imponerse a los demás, y, haciéndose seguir de ellos, conquistar territorios, hacerse «señores» de tierras. El romano no es «señor» de su gleba: es, en cierto modo, su siervo. El romano es agricultor. Opuestamente, el germano tardó mucho en aprender y aceptar el oficio agrícola. Mientras tuvo ante sí en Germania vastas campiñas y anchos bosques donde cazar, desdeñó el arado. Cuando la población creció y cada tribu o nación se sintió apretada por las confinantes, tuvo que resignarse un momento y poner la mano hecha a la espada en la curva mancera. Poco duró su sujeción a la pacífica faena. Tan pronto como el valladar de las legiones imperiales se debilitó, los germanos resolvieron ganar los feraces campos del Sur y el Oeste y encargar a los pueblos vencidos de cultivárselos. Este dominio sobre la tierra, fundado precisamente en que no se la labra, es el «señorío»[1].

Si a un «señor» germano se le hubiera preguntado con

---

[1] Durante la segunda mitad del siglo XIX muchos historiadores, Fustel de Coulanges, por ejemplo, se obstinan en derivar el «señorío» medieval del derecho dominical, de los «seniores» romanos. Cada día parece menos justificada esta tendencia.

qué derecho poseía la tierra, su respuesta íntima habría sido estupefaciente para un romano o para un demócrata moderno. «Mi derecho a esta tierra —habría dicho— consiste en que yo la gané en batalla y en que estoy dispuesto a dar todas las que sean necesarias para no perderla.»

El romano y el demócrata, encerrados en un sentido de la vida y, por tanto, del derecho distinto del germánico, no entenderían estas palabras y supondrían que aquel hombre era un bruto negador del derecho. Y, sin embargo, el «señor» bárbaro las pronunciaba con la misma fe y devoción jurídicas con que el latino podía citar un senatoconsulto o el demócrata un artículo del Código civil. Para él, lo absurdo es que se estime el «trabajo» agrícola como un título bastante de propiedad. Se trata, en suma, de dos formas divergentes de sensibilidad jurídica. No se puede equiparar la calidad de la «justicia» en que el «señor» fundaba su posesión con la muy problemática que hoy permite al ocioso capitalista gozar de sus rentas. Frente al «trabajo» agrícola está el «esfuerzo» guerrero, que son dos estilos de sudor altamente respetables. El callo del labriego y la herida del combatiente representan dos principios de derecho, llenos ambos de sentido.

Y aún cabe reducir su aparente contraposición. Porque eso que el jurista moderno llama propiedad de una tierra —el derecho a sus frutos— es una relación económica que, en definitiva, no preocupa mucho al corazón del germano. Para él, la dimensión económica de la tierra es la menos importante, y de hecho, la abandona casi por entero al labrador. Mas la labranza de la tierra supone hombres que la ejecutan y, por tanto, relaciones sociales entre ellos, costumbres, amores, odios, rencillas, tal vez crímenes. ¿Quién será el juez de estos crímenes cometidos en este trozo de tierra? ¿Quién el rector de aquellas costumbres, el organizador de aquella masa humana en cuerpo social? Esto es lo que interesa al germano: no el derecho de propiedad económica de la tierra, sino el derecho de autoridad. Por eso el germano no es, en rigor, propietario del territorio, sino, más bien, «señor» de él. Su espíritu es radicalmente inverso del que reside en el capitalista. Lo que quiere no es cobrar, sino mandar, juzgar y tener leales[1].

Ahora bien, ¿quién debe mandar? La respuesta germánica es sencillísima: el que puede mandar. Con esto no se pretende suplantar el derecho por la fuerza, sino que se descubre en el hecho de ser capaz de imponerse a los demás el signo indiscutible de que se vale más que los demás y, por tanto, de que se merece mandar. Los derechos, por lo menos los superiores, son considerados como anejos a las calidades de la persona. La idea romana y moderna según la cual el hombre al nacer tiene, en principio, la plenitud de los derechos, se contrapone al espíritu germánico, que no fue, como suele decirse, individualista, sino personalista. En su sentir, los

---

[1] No cabe imaginar nada más opuesto a la manera moderna de sentir lo económico que el temperamento medieval. Por eso, sus ideas económicas son la estricta inversión de las hoy vigentes. Mientras para la economía capitalista el problema de la riqueza consiste principalmente en cómo se gana, lo que preocupa a la economía medieval es cómo se gasta. Así, la cuestión del justo reparto económico no sólo se resuelve en sentido contrario al que ha querido imponer la Edad Moderna, sino que se plantea desde luego al revés. No se pregunta cuánto tiene derecho a ganar cada cual, sino cuánto tiene obligación de gastar. Según Santo Tomás, a cada individuo corresponde tanto de riqueza —*exteriores divitias*— cuanto sea necesario para la vida propia a su condición —*prout sunt necessariae ad vitam eius secundum suam condi-tionem*— (*Summa Theol.*, 2.ª, 2ᵃᵉ, Qu. 118, art. 1). El trabajo no es, pues, el metro de la justa ganancia, sino la condición. El noble, el magistrado, el dignatario eclesiástico tienen obligación de dar a su conducta el ornato y atuendo que corresponden a su función y jerarquía. El dinero debe ir, pues, al rango, a la autoridad, que es, a su vez, síntoma de un esfuerzo superior: no se gana propiamente, sino que se merece. Si la ética económica de nuestra edad, divinizadora del trabajo, culmina en el «derecho al producto íntegro» de éste, la de los siglos medios podría haber formulado su tendencia en «el derecho al decoro íntegro de la autoridad». Algo sobre este tema puede verse en Werner Sombart: *Der Moderne Kapitalismus,* 3.ª ed., 1919, vol. I, parte I.

derechos, por su esencia misma, tienen que ser ganados, y después de ganados, defendidos. Cuando alguien se los disputa, repugna al feudal acudir ante un tribunal que lo defienda. El privilegio que con mayor tenacidad sostuvo fue precisamente el de no ser sometido a tribunal en sus contiendas con los demás, sino poder dirimirlas entre sí, lanza al puño y de hombre a hombre[1]. Perdido este privilegio y a fin de eludir la jurisprudencia impersonal de los tribunales, inventó una institución o procedimiento que nuestras viejas crónicas llaman «la puridad» o «hablar en puridad».

Este término, que usan todavía en sus ingenuos escritos nuestros casticistas, no significa, como se suele creer, hablar la verdad o sinceramente. La «puridad» consistía en el derecho del feudal a resolver un pleito, antes de ser judicialmente perseguido, en conversación privada y secreta con el superior jerárquico; por ejemplo, con el rey. Y una de las más graves injurias que el rey podía hacer a un señor era negarle esta instancia, o, como se dice en nuestras crónicas, «negarle la puridad». Se consideraba tal negativa como fundamento bastante para romper el vasallaje. Pues bien: la puridad es también arreglo de hombre a hombre, evitación de someterse al procedimiento impersonal de los tribunales.

Los «señores» van a ser el poder organizador de las nuevas naciones. No se parte, como en Roma, de un Estado municipal, de una idea colectiva e impersonal, sino de unas personas de carne y hueso. El Estado germánico consiste en una serie de relaciones personales y privadas entre los señores. Para la conciencia contemporánea es evidente que el derecho es anterior a la persona, y, como el derecho supone sanción, el Estado

---

[1] Quien analice lealmente y sin «beatería» democrática el derecho moderno, no puede menos de descubrir en él un elemento de pusilanimidad, por fortuna mezclado con otros más respetables. Mientras las revoluciones modernas se han hecho para demandar el derecho a la seguridad, en la Edad Media se hicieron para conquistar o afirmar el derecho al peligro.

será también anterior a la persona. Hoy un individuo que no pertenezca a ningún Estado no tiene derechos. Para el germano, lo justo es lo inverso. El derecho sólo existe como atributo de la persona; dicho de otra manera, no se es persona porque se poseen ciertos derechos que un Estado define, regula y garantiza, sino, al revés, se tienen derechos porque se es previamente persona viva, y se tienen más o menos estos o aquellos según los grados y potencias de esta prejurídica personalidad. El Cid, cuando es arrojado de Castilla, no es ciudadano de ningún Estado y, sin embargo, posee todos sus derechos. Lo único que perdió fue su relación privada con el rey y las prebendas que de ella se derivaban.

Esta acción personal de los señores germanos ha sido el cincel que esculpió las nacionalidades occidentales. Cada cual organizaba su señorío, lo saturaba de su influjo individual. Luchas, amistades, enlaces con los señores colindantes fueron produciendo unidades territoriales cada vez más extensas, hasta formarse los grandes ducados. El rey, que originariamente no era sino el primero entre los iguales, *primus inter pares,* aspira de continuo a debilitar esta minoría poderosa. Para ello se apoya en el «pueblo» y las ideas romanas. En ciertas épocas parecen los «señores» vencidos y el unitarismo monárquico-plebeyo-sacerdotal triunfa. Pero el vigor de los señores francos se recupera y reaparece a poco la estructura feudal.

Quien crea que la fuerza de una nación consiste sólo en su unidad juzgará pernicioso el feudalismo. Pero la unidad sólo es definitivamente buena cuando unifica grandes fuerzas preexistentes. Hay una unidad muerta, lograda merced a la falta de vigor en los elementos que son unificados.

Por esto es un grandísimo error suponer que fue un bien para España la debilidad de su feudalismo. Cuando oigo lo contrario me produce la misma impresión que si oyese decir: es bueno que en la España actual haya pocos sabios, pocos artistas y, en general, pocos hombres de mucho talento, porque el vigor intelectual promueve grandes discusiones y lleva a contiendas y trapatiestas. Pues bien: algo parejo a lo que en la sociedad actual representa la minoría de superior intelecto fue en la hora germinal de nuestras naciones la minoría de los feudales. En Francia hubo muchos y poderosos; lograron plasmar históricamente, saturar de nacionalización hasta el último átomo de masa popular. Para esto fue preciso que viviese largos siglos dislocado el cuerpo francés en moléculas innumerables, las cuales, conforme llegaban a madurez de cohesión interior, se trababan en texturas más complejas y amplias hasta formar las provincias, los condados, los ducados. El poder de los «señores» defendió ese necesario pluralismo territorial contra una prematura unificación en reinos.

Pero los visigodos, que arriban ya extenuados, degenerados, no poseen esa minoría selecta. Un soplo de aire africano los barre de la Península, y cuando después la marea musulmana cede, se forman desde luego reinos con monarcas y plebe, pero sin suficiente minoría de nobles. Se me dirá que, a pesar de esto, supimos dar cima a nuestros gloriosos ocho siglos de Reconquista. Y a ello respondo ingenuamente que yo no entiendo cómo se puede llamar reconquista a una cosa que dura ocho siglos. Si hubiera habido feudalismo, probablemente habría habido verdadera Reconquista, como hubo en otras partes Cruzadas, ejemplos maravillosos de lujo vital, de energía superabundante, de sublime deportismo histórico.

La anormalidad de la historia española ha sido demasiado permanente para que obedezca a causas accidentales. Hace cincuenta años se pensaba que la decadencia nacional venía sólo de unos lustros atrás. Costa y su generación comenzaron a entrever que la decadencia tenía dos siglos de fecha. Va para quince años, cuando yo comenzaba a meditar sobre estos asuntos, intenté mostrar que la decadencia se extendía a toda la Edad moderna de nuestra historia. Razones de método, que no es útil reiterar ahora, me aconsejaban limitar el problema a ese período, el mejor conocido de la historia europea, a fin de precisar más fácilmente el diagnóstico de nuestra debilidad. Luego, mayor estudio y reflexión me han enseñado que la decadencia española no fue menor en la Edad media que en la moderna y contemporánea. Ha habido algún momento de suficiente salud; hasta hubo horas de esplendor y de gloria universal, pero siempre salta a los ojos el hecho evidente de que en nuestro pasado la anormalidad ha sido lo normal. Venimos, pues, a la conclusión de que la historia de España entera, y salvas fugaces jornadas, ha sido la historia de una decadencia.

Pero es absurdo detenerse en semejante conclusión. Porque decadencia es un concepto relativo a un estado de salud, y si España no ha tenido nunca salud —ya veremos que su hora mejor tampoco fue saludable—, no cabe decir que ha decaído.

¿No es esto un juego de palabras? Yo creo que no. Si se habla de decadencia, como si se habla de enfermedad, tenderemos a buscar las causas de ella en acontecimientos, en desventuras sobrevenidas a quien las padece. Buscaremos el origen del mal fuera del sujeto paciente. Pero si nos convencemos de que éste no fue nunca sano, renunciaremos a hablar de decadencia y a inquirir sus causas; en vez de ello, hablaremos de defectos de constitución, de insuficiencias originarias, nativas, y este nuevo diagnóstico nos llevará a buscar causas de muy otra índole, a saber: no externas al sujeto, sino íntimas, constitucionales.

Este es el valor que tiene para mí transferir toda la cuestión de la Edad moderna a la Edad media, época en que España se constituye. Y si yo gozase de alguna autoridad sobre los jóvenes capaces de dedicarse a la investigación histórica, me permitiría recomendarles que dejasen de andar por las ramas y estudiasen los siglos medios y la generación de España. Todas las explicaciones que se han dado de su decadencia no resisten cinco minutos del más tosco análisis. Y es natural, porque mal puede darse con la causa de una decadencia cuando esta decadencia no ha existido.

El secreto de los grandes problemas españoles está en la Edad media. Acercándonos a ella corregimos el error de suponer que sólo en los últimos siglos ha decaído la vitalidad de nuestro pueblo, pero que fue en los comienzos de su historia tan enérgico y capaz como cualquier otra raza continental. Ensaye quien quiera la lectura paralela de nuestras crónicas medievales y de las francesas. La comparación le hará ver con ejemplar evidencia que, poco más o menos, la misma distancia hoy notoria entre la vida española y la francesa existía ya entonces.

Para el cronista francés y los hombres de que nos habla es el mundo una realidad espléndida dotada de facetas innumerables: a todas ellas hacen frente con una sensibilidad no menos múltiple. Hay fe y duda, briosa guerra, genial ambición, curiosidad de intelecto, sensual complacencia: se corteja a la mujer, se sonríe a la flor, se trucida el enemigo y se goza del bosque y la pradera. Por el contrario, en la crónica española suele reducirse la vida a un repertorio escasísimo de incitaciones y reacciones.

Pero dejemos esto. En el índice de pensamientos que es este ensayo, yo me proponía tan sólo subrayar uno de los defectos más graves y permanentes de nuestra raza: la ausencia de una minoría selecta, suficiente en número y calidad. Ahora bien, la caquexia del feudalismo español significa que esa ausencia fue inicial, que los «mejores» faltaron ya en la hora augural de nuestra génesis, que nuestra nacionalidad, en suma, tuvo una embriogenia defectuosa.

La mejor comprobación que puede recibir una idea es que sirva para explicar, además de la regla, la excepción. La escasez y debilidad de los «señores» explica la carencia de vigor que aqueja a nuestra Edad media. Pues bien: ella misma, sin añadidura, explica también nuestra sobra de vigor de 1480 a 1600, el gran siglo de España.

Siempre ha sorprendido que del estado miserable en

que nuestro pueblo se hallaba hacia 1450 se pase, en cincuenta años o poco más, a una prepotencia desconocida en el mundo nuevo y sólo comparable a la de Roma en el antiguo. ¿Brotó de súbito en España una poderosa floración de cultura? ¿Se improvisó en tan breve período una nueva civilización con técnicas poderosas e insospechadas? Nada de esto. Entre 1450 y 1500 sólo un hecho nuevo de importancia acontece: la unificación peninsular.

Tuvo España el honor de ser la primera nacionalidad que logra ser una, que concentra en el puño de un rey todas sus energías y capacidades. Esto basta para hacer comprensible su inmediato engrandecimiento. La unidad es un aparato formidable que por sí mismo, y aun siendo muy débil quien lo maneja, hace posible las grandes empresas. Mientras el pluralismo feudal mantenía desparramado el poder de Francia, de Inglaterra, de Alemania, y un atomismo municipal disociaba a Italia, España se convierte en un cuerpo compacto y elástico.

Mas con la misma subitaneidad que la ascensión de nuestro pueblo en 1500, se produce su descenso en 1600. La unidad obró como una inyección de artificial plenitud, pero no fue un síntoma de vital poderío. Al contrario: la unidad se hizo tan pronto porque España era débil, porque faltaba un fuerte pluralismo sustentado por grandes personalidades de estilo feudal. El hecho, en cambio, de que todavía en pleno siglo XVII sacudan el cuerpo de Francia los magníficos estremecimientos de la Fronda, lejos de ser un síntoma morboso, descubre los tesoros de vitalidad aún intactos que el francés conservaba del franco.

Convendría, pues, invertir la valoración habitual. La falta de feudalismo, que se estimó salud, fue una desgracia para España; y la pronta unidad nacional, que parecía un glorioso signo, fue propiamente la consecuencia del anterior desmedramiento.

Con el primer siglo de unidad peninsular coincide el comienzo de la colonización americana. Aún no sabemos

lo que substancialmente fue este maravilloso acontecimiento. Yo no conozco ni siquiera un intento de reconstruir sus caracteres esenciales. La poca atención que se le
ha dedicado fue absorbida por la Conquista, que es sólo
su preludio. Pero lo importante, lo maravilloso, no fue la
Conquista —sin que yo pretenda mermar a ésta su
dramática gracia—; lo importante, lo maravilloso fue la
colonización. A pesar de nuestra ignorancia sobre ella,
nadie puede negar sus dimensiones como hecho histórico
de alta cuantía. Para mí, es evidente que se trata de lo
único verdadera, substantivamente grande que ha hecho
España. ¡Cosa peregrina! Basta acercarse un poco al
gigantesco suceso, aun renunciando a perescrutar su
fondo secreto, para advertir que *la colonización española
de América fue una obra popular*. La colonización inglesa
es ejecutada por minorías selectas y poderosas. Desde
luego, toman en su mano la empresa grandes Compañías.
Los «señores» ingleses habían sido los primeros en
abandonar el exclusivo oficio de la guerra y aceptar como
faenas nobles el comercio y la industria. En Inglaterra, el
espíritu audaz del feudalismo acertó muy pronto a
desplazarse hacia otras empresas menos bélicas, y como
Sombart ha mostrado, contribuyó grandemente a crear el
moderno capitalismo. La empresa guerrera se transforma
en empresa industrial, y el paladín en empresario. La
mutación se comprende fácilmente: durante la Edad
Media era Inglaterra un país muy pobre. El «señor»
feudal tenía periódicamente que caer sobre el continente
en busca de botín. Cuando éste se consumía, a la hora de
comer, la dama del feudal le hacía servir en una bandeja
una espuela. Ya sabía el caballero lo que esto significaba:
despensa vacía. Calzaba la espuela y saltaba a Francia,
tierra ubérrima.

La colonización inglesa fue la acción reflexiva de
minorías, bien en consorcios económicos, bien por secesión de un grupo selecto que busca tierras donde servir
mejor a Dios. En la española, es el «pueblo» quien
directamente, sin propósitos conscientes, sin directores,

sin táctica deliberada, engendra otros pueblos. Grandeza y miseria de nuestra colonización vienen ambas de aquí. Nuestro «pueblo» hizo todo lo que tenía que hacer: pobló, cultivó, cantó, gimió, amó. Pero no podía dar a las naciones que engendraba lo que no tenía: disciplina superior, cultura vivaz, civilización progresiva.

Creo que ahora se entenderá mejor lo que antes he dicho: en España lo ha hecho todo el «pueblo», y lo que no ha hecho el «pueblo» se ha quedado sin hacer. Pero una nación no puede ser sólo «pueblo»: necesita una minoría egregia, como un cuerpo vivo no es sólo músculo, sino, además, ganglio nervioso y centro cerebral.

La ausencia de los «mejores», o, cuando menos, su escasez, actúa sobre toda nuestra historia y ha impedido que seamos nunca una nación suficientemente normal, como lo han sido las demás nacidas de parejas condiciones. Ni extrañe que yo atribuya a una ausencia, por tanto, a lo que es tan sólo una negación, un poder de actuación positiva. Nietzsche sostenía, con razón, que en nuestra vida influyen no sólo las cosas que nos pasan, sino también, y acaso más, las que no nos pasan.

En efecto: la ausencia de los «mejores» ha creado en la masa, en el «pueblo», una secular ceguera para distinguir el hombre mejor del hombre peor, de suerte que cuando en nuestra tierra aparecen individuos privilegiados, la «masa» no sabe aprovecharlos y a menudo los aniquila.

El pretendido aliento democrático que, como se ha hecho notar reiteradamente, sopla por nuestras más viejas legislaciones y empuja el derecho consuetudinario español, es más bien puro odio y torva suspicacia frente a todo el que se presente con la ambición de valer más que la masa y, en consecuencia, de dirigirla.

Somos un pueblo «pueblo», raza agrícola, temperamento rural. Porque es el ruralismo el signo más característico de las sociedades sin minoría eminente. Cuando se atraviesan los Pirineos y se ingresa en España se tiene siempre la impresión de que se llega a un pueblo de labriegos. La figura, el gesto, el repertorio de ideas y sentimientos, las virtudes y los vicios son típicamente rurales. En Sevilla, ciudad de tres mil años, apenas si se encuentra por la calle más que fisonomías de campesinos. Podréis distinguir entre el campesino rico y el campesino pobre, pero echaréis de menos ese afinamiento de rasgos que la urbanización, mediante aguda labor selectiva, debía haber fijado en sus pobladores, creando en ellos un tipo de hombre producto condigno de una ciudad tres veces milenaria.

Hay pueblos que se quedan por siempre en ese estadio elemental de la evolución que es la aldea. Podrá ésta contener un enorme vecindario, pero su espíritu será siempre labriego. Pasarán por ella los siglos sin perturbarla ni estremecerla. No participará en las grandes luchas históricas. Entre siembra y recolección o análogas tareas vivirá eternamente, prisionera en el ciclo siempre idéntico de su destino vegetativo.

Así existen en el Sudán ciudades de hasta doscientos mil habitantes —Kano, Bida, por ejemplo—, las cuales arrastran inmutables su existencia rural desde cientos y cientos de años.

Hay pueblos labriegos, *fellahs, mujiks...;* es decir, pueblos sin «aristocracia». No quiero decir con esto que deba considerarse a España como un pueblo irremediablemente *fellahizado.* Mejor o peor, ha intervenido en la historia del mundo y pertenece a la grey de naciones occidentales que han hecho el más sublime ensayo de gobierno universal. Pero es de alta oportunidad traer a la mente esos casos extremos de poblaciones *fellahs,* porque los graves e inveterados defectos de nuestra raza han tendido siempre a hacerla derivar camino de algo semejante. Así, a fines del siglo XV se dispara súbitamente el resorte de la energía española y da nuestra nación un magnífico salto predatorio sobre el área del mundo. Dos generaciones después vuelve a caer en una inercia histórica de que no ha salido todavía, y en sus venas la sangre circula con lento pulso campesino.

7. IMPERATIVO DE SELECCION

Que España no haya sido un pueblo «moderno»; que, por lo menos, no lo haya sido en grado suficiente, es cosa que a estas fechas no debe entristecernos mucho. Todo anuncia que la llamada «Edad moderna» toca a su fin. Pronto un nuevo clima histórico comenzará a nutrir los destinos humanos. Por dondequiera aparecen ya las avanzadas del tiempo nuevo. Otros principios intelectuales, otro régimen sentimental inician su imperio sobre la vida humana, por lo menos, sobre la vida europea. Dicho de otra manera: el juego de la existencia, individual y colectiva, va a regirse por reglas distintas, y para ganar en él la partida serán menester dotes, destrezas muy diferentes de las que en el último pasado proporcionaban el triunfo.

Si ciertos pueblos —Francia, Inglaterra— han fructificado plenamente en la Edad moderna fue, sin duda, porque en su carácter residía una perfecta afinidad con los principios y problemas «modernos». En efecto: racionalismo, democratismo, mecanicismo, industrialismo, capitalismo, que mirados por el envés son los temas y tendencias universales de la Edad moderna, son, mirados por el reverso, propensiones específicas de Francia, Inglaterra y, en parte, de Alemania. No lo han sido, en cambio, de España. Mas hoy parece que aquellos principios ideológicos y prácticos comienzan a perder su vigor de excitantes vitales, tal vez porque se ha sacado ya de ellos cuanto podían dar[1]. Traerá esto consigo, irremediablemente, una depresión en la potencialidad de las grandes naciones, y los pueblos menores pueden aprove-

---

[1] Sin negar que se produzcan innovaciones radicales, puede decirse que los cambios históricos son principalmente cambios de perspectiva: lo que ayer ocupaba el primer plano en la atención humana, queda hoy relegado a un plano secundario, sin que por esto desaparezca totalmente. Así, de los principios «modernos» sobrevivirán muchas cosas en el futuro; pero lo decisivo es que dejarán de ser «principios», centros de la gravitación espiritual.

char la coyuntura para instaurar su vida según la íntima pauta de su carácter y apetitos.

Las circunstancias son, pues, excelentes para que España intente rehacerse. ¿Tendrá de ello la voluntad? Yo no lo sé. La fisonomía que nuestra nación presenta a la hora en que estas páginas se escriben es esencialmente equívoca y problemática. Meditando sobre ella con lealtad y, a la par, con un poco de rigor intelectual, hallamos que puede interpretarse en dos sentidos contradictorios, optimista uno, pesimista el otro. Esta contradicción no proviene de nuestra inteligencia o de nuestro temperamento, sino que radica en los hechos mismos: ellos son los equívocos y no nuestro juicio o sentimiento sobre ellos. Procuraré explicarme.

Cabría ordenar, según su gravedad, los males de España en tres zonas o estratos. Los errores y abusos políticos, los defectos de las formas de gobierno, el fanatismo religioso, la llamada «incultura», etc., ocuparían la capa somera, porque, o no son verdaderos males, o lo son superficialmente. De ordinario, cuando se habla de nuestros desdichados destinos, sólo a algunas de estas causas o síntomas se alude. Yo no los miento en las páginas que preceden como no sea para negarles importancia: considero un error de perspectiva histórica atribuirles gran significación en la patología nacional.

En estrato más hondo se hallan todos estos fenómenos de disgregación que en serie ininterrumpida han llenado los últimos siglos de nuestra historia y que hoy, reducida la existencia española al ámbito peninsular, han cobrado una agudeza extrema. Bajo el nombre de «particularismo y acción directa», he procurado definir sus caracteres en la primera parte de este volumen. Estos fenómenos profundos de disociación constituyen verdaderamente una enfermedad gravísima del cuerpo español. Pero aun así no son el mal radical. Más bien que causas son resultados.

La raíz de la descomposición nacional está, como es lógico, en el alma misma de nuestro pueblo. Puede darse el caso de que una sociedad sucumba víctima de catástrofes accidentales en las que no le toca responsabilidad alguna. Pero la norma histórica, que en el caso español se cumple, es que los pueblos degeneran por defectos íntimos. Trátese de un hombre o trátese de una nación, su destino vital depende en definitiva de cuáles sean sus sentimientos radicales y las propensiones afectivas de su carácter. De éstas habrá algunas cuya influencia se limite a poner un colorido peculiar en la historia de la raza. Así hay pueblos alegres y pueblos tristes. Mas esta tonalidad del gesto ante la existencia es, en rigor, indiferente a la salud histórica. Francia es un pueblo alegre y sano; Inglaterra, un pueblo triste, pero no menos saludable.

Hay, en cambio, tendencias sentimentales, simpatías y antipatías que influyen decisivamente en la organización histórica por referirse a las actividades mismas que crean la sociedad. Así, un pueblo que, por una perversión de sus afectos, da en odiar a toda individualidad selecta y ejemplar por el mero hecho de serlo, y siendo vulgo y masa se juzga apto para prescindir de guías y regirse por sí mismo en sus ideas y en su política, en su moral y en sus gustos, causará irremediablemente su propia degeneración. En mi entender, es España un lamentable ejemplo de esta perversión. Todavía, si la raza o razas peninsulares hubiesen producido gran número de personalidades eminentes, con genialidad contemplativa o práctica, es posible que tal abundancia hubiera bastado a contrapesar la indocilidad de las masas. Pero no ha sido así, y éstas, entregadas a una perpetua subversión vital —mucho más amplia y grave que la política— desde hace siglos no hacen sino deshacer, desarticular, desmoronar, triturar la estructura nacional. En lugar de que la colectividad, aspirando hacia los ejemplares, mejorase en cada generación el tipo del hombre español, lo ha ido desmedrando, y fue cada día más tosco, menos alerta, dueño de menores energías, entusiasmos y arrestos, hasta llegar a una pavorosa desvitalización. La rebelión sentimental de las masas, el odio a los mejores, la escasez de éstos —he ahí la razón verdadera del gran fracaso hispánico.

Será inútil hacerse ilusiones eludiendo la claridad del problema y dándole vagarosas formas. Si España quiere corregir su suerte, lanzarse de nuevo a una ascensión histórica, gloriosamente impulsada por una gigantesca voluntad de futuro, tiene que curar en lo más hondo de sí misma esa radical perversión de los instintos sociales.

Pero, como en estas páginas queda dicho, las masas, una vez movilizadas en sentido subversivo contra las minorías selectas, no oyen a quien les predica normas de disciplina. Es preciso que fracasen totalmente para que en sus propias carnes laceradas aprendan lo que no quieren oír. Hay, pues, un momento en que las épocas de disolución, las edades *Kali,* hacen crisis en el corazón mismo de las multitudes. El odio a los mejores parece agotarse como fuente maligna, y empieza a brotar un nuevo hontanar afectivo de amor a la jerarquía, a las faenas constructoras y a los hombres egregios capaces de dirigirlas.

¿Han llegado a este punto de espontáneo arrepentimiento las masas españolas? ¿Se inicia en ellas, aunque sea débilmente, subterráneamente, la conciencia clara de su propia ineptitud y el generoso afán de suscitar minorías excelentes, hombres ejemplares? Quien mire hoy serenamente el paisaje moral de España hallará, sin duda, algunos síntomas que cabe interpretar en este favorable sentido; pero tan esporádicos y débiles, que no es posible en ellos asentar la esperanza. Podrá dentro de unos meses o de unos años variar el cariz espiritual de España, mas en la hora que transcurre sus manifestaciones permiten lo mismo suponer que el estado de invertebración rebelde, de dislocación, va a prolongarse indefinidamente, o que, por el contrario, se va a producir una conversión radical de los sentimientos en una dirección afirmativa, creadora, ascendente.

En el primer caso, la publicación de estas páginas resultará inútil, pero no dañina: ni serán entendidas ni atendidas. En el segundo, pueden rendir algún provecho, porque el nuevo estado de espíritu, todavía germinal y confuso, se encontrará en ellas definido, aclarado y como subrayado.

Cambios políticos, mutación en las formas del gobierno, leyes novísimas, todo será perfectamente ineficaz si el temperamento del español medio no hace un viraje sobre sí mismo y convierte su moralidad.

Por el contrario, creo que si esta conversión se produce puede España en breve tiempo restaurarse gloriosamente, porque la sazón histórica es inmejorable.

¿Cuál es, pues, la condición suma? El reconocimiento de que *la misión de las masas no es otra que seguir a los mejores,* en vez de pretender suplantarlos. Y esto en todo orden y porción de la vida. Donde menos importaría la indocilidad de las masas es en política, por la sencilla razón de que lo político no es más que el cauce por donde fluyen las realidades substantivas del espíritu nacional. Si éste se halla bien disciplinado en todo lo demás, poco daño pueden causar sus insumisiones políticas.

Donde más importa que la masa se sepa masa y, por tanto, sienta el deseo de dejarse influir, de aprender, de perfeccionarse, es en los órdenes más cotidianos de la vida, en su manera de pensar sobre las cosas de que se habla en las tertulias y se lee en los periódicos, en los sentimientos con que se afrontan las situaciones más vulgares de la existencia.

En España ha llegado a triunfar en absoluto el más chabacano aburguesamiento. Lo mismo en las clases elevadas que en las ínfimas rigen indiscutidas e indiscutibles normas de una atroz trivialidad, de un devastador filisteísmo. Es curioso presenciar cómo en todo instante y ocasión la masa de los torpes aplasta cualquier intento de mayor fineza.

Advirtamos, por ejemplo, lo que acontece en las conversaciones españolas. Y, ante todo, no extrañe que más de una vez se aluda en este volumen a las conversaciones, tributándoles una alta consideración. ¿Por ventura se cree que es más importante la actividad electoral? Sin embargo, bien claro está que las elecciones son, a la postre, mera consecuencia de lo que se parle y de cómo se parle en un país. Es la conversación el instrumento socializador por excelencia, y en su estilo vienen a reflejarse las capacidades de la raza. Debo decir que la primera orientación hacia las ideas que este ensayo formula vino a mí reflexionando sobre el contenido y el régimen de las conversaciones castizas. Goethe observó que entre los fenómenos de la naturaleza hay algunos, tal vez de humilde semblante, donde aquella descubre el secreto de sus leyes. Son como fenómenos modelos que aclaran el misterio de otros muchos, menos puros o más complejos. Goethe los llamó *protofenómenos*. Pues bien, la conversación es un *protofenómeno* de la historia.

Siempre que en Francia o Alemania he asistido a una reunión donde se hallase alguna persona de egregia inteligencia, he notado que las demás se esforzaban en elevarse hasta el nivel de aquélla. Había un tácito y previo reconocimiento de que la persona mejor dotada tenía un juicio más certero y dominante sobre las cosas. En cambio, siempre he advertido con pavor que en las tertulias españolas —y me refiero a las clases superiores, sobre todo a la alta burguesía, que ha dado siempre el tono a nuestra vida nacional— acontecía lo contrario. Cuando por azar tomaba parte en ellas un hombre inteligente, yo veía que acababa por no saber dónde meterse, como avergonzado de sí mismo. Aquellas damas y aquellos varones burgueses asentaban con tal firmeza e indubitabilidad sus continuas necedades, se hallaban tan sólidamente instalados en sus inexpugnables ignorancias, que la menor palabra aguda, precisa o siquiera elegante sonaba a algo absurdo y hasta descortés. Y es que la burguesía española no admite la posibilidad de que existan modos de pensar superiores a los suyos ni que haya hombres de rango intelectual y moral más alto que el que ellos dan a su estólida existencia. De este modo, se ha ido estrechando y rebajando el contenido del alma española, hasta el punto de que nuestra vida entera parece hecha a la medida de las cabezas y de la sensibilidad que usan las señoras burguesas, y cuanto trascienda de tan angosta órbita toma un aire revolucionario, aventurado o grotesco.

Yo espero que en este punto se comporten las nuevas generaciones con la mayor intransigencia. Urge remontar la tonalidad ambiente de las conversaciones, del trato social y de las costumbres hasta un grado incompatible con el cerebro de las señoras burguesas.

Si España quiere resucitar es preciso que se apodere de ella un formidable apetito de todas las perfecciones. La gran desdicha de la historia española ha sido la carencia de minorías egregias y el imperio imperturbado de las masas. Por lo mismo, de hoy en adelante, un imperativo debiera gobernar los espíritus y orientar las voluntades: el imperativo de selección.

Porque no existe otro medio de purificación y mejoramiento étnico que ese eterno instrumento de una voluntad operando selectivamente. Usando de ella como de un cincel, hay que ponerse a forjar un nuevo tipo de hombre español.

No basta con mejoras políticas: es imprescindible una labor mucho más profunda que produzca el afinamiento de la raza.

Mas este asunto debe quedar aquí intacto para que lo meditemos en otro ensayo de ensayo[1].

---

[1] [En el ensayo titulado «Temas de viaje» (de 1922), publicado en el tomo IV de *El Espectador,* Madrid, 1925, escribe Ortega: «En un ensayo de ensayo sobre la historia de España, publicado por mí hace unos meses, no se mienta siquiera el factor geográfico». Y trata del tema en esas páginas, cuyo interés complementario a las de este libro señalo al lector; e igualmente, en relación con este último capítulo, la conferencia «Para un museo romántico», dada el 24 de noviembre de 1921; en *El Espectador,* V, 1927. Por otra parte, en su «Epílogo para ingleses» (en *La rebelión de las masas,* editada en esta colección, página 239 y ss.), Ortega vuelve, en 1938, a presentar a sus lectores ingleses los propósitos y argumento de *España invertebrada.*]

APENDICE

EL PODER SOCIAL *

[El caso de España]

I

Por puro afán de llegar a ver claro, y, de paso, en beneficio del lector, a quien ciertos temas sutiles interesan, quisiera hoy intentar la definición de un fenómeno que vagamente he percibido toda mi vida, primero, con juvenil y utópica indignación; luego, más cuerdamente, con el ánimo sereno y complacido de un buen aficionado a la vida para el cual lo sugestivo del espectáculo es precisamente la combinación irremediable de sentido y contrasentido, de razón y de absurdo que en él reina.

Procuremos aproximarnos paso a paso al fenómeno de que se trata.

Un hombre de negocios crea una industria; el ingenioso producto de ella encuentra compradores, y el industrial se enriquece. El pintor que pinta un buen cuadro

---

* [Esta serie de cinco artículos se publicó en el diario *El Sol* los días 9, 23 y 30 de octubre, y 6 y 20 de noviembre de 1927.]

suscita en los aficionados al arte simpatía y admiración. El escritor que logra dotar a su prosa de amenidad, evidencia, sutileza, atrae para ella un círculo de lectores que, agradecidos, le dedican su estimación.

En estos tres casos vemos la acción de un hombre —industria, cuadro, obra literaria— produciendo ciertos efectos en su contorno social. Si a la capacidad de producir efectos llamamos poder, diremos que estos tres hombres poseen determinado poder. Hasta aquí nada reclama atención especial. Es natural que una acción produzca resultados proporcionados.

Pero si comparamos dos escritores, uno de ellos de actitud independiente, el otro ligado a una inspiración partidista, notamos que el mismo esfuerzo realizado por ambos trae consigo resultados diferentes. A la estimación congruente que a la obra de uno y otro corresponde se agrega en el caso del escritor partidista una resonancia y eficacia que falta a la del otro. El partido toma la obra de su escritor y, propagándola, comentándola, enalteciéndola, aumenta enormemente sus efectos sociales; por tanto, su poder. El escritor añade a su eficiencia propia y natural otra que no viene de su esfuerzo, sino de la energía organizada que en el partido reside. Esto nos obliga a distinguir entre el poder propio de una acción —y, reflejamente, de la persona que la ejecuta— y el poder añadido que el grupo le proporciona.

Este poder que el grupo añade al poder propio de la persona es una reacción utilitaria motivada por los intereses del grupo. Por lo mismo, es un poder también limitado, circunscrito al grupo y al radio de sus interesados. A veces el favor y aumento que ofrece a la persona resta a ésta poder propio. En el caso del escritor esto es evidente: cuanto más sirva a un partido, menos autoridad propia poseerá fuera de él.

Pero no sólo el grupo, el círculo particular de la sociedad añade poder a la persona. Hay casos en los cuales el poder añadido procede de la sociedad entera. Entonces es ilimitado y automático. Dondequiera que la

persona favorecida aparezca se producirán efectos sociales. Cada gesto, cada palabra lograrán sorprendente
resonancia. Su nombre frecuentará las columnas de los
periódicos, no como firma, sino como tema. No podrá
viajar sin que se anuncie su desplazamiento. No abrirá su
boca sin que se reproduzcan y comenten sus frases. En las
reuniones privadas su entrada modificará el tono atmos-
férico: la conversación, automáticamente, se pondrá a su
nivel, convergirá hacia sus asuntos titulares, etc. Donde
no esté en cuerpo se contará, no obstante, con él; de
suerte que estará presente en cien lugares donde de hecho
no está. Si se suman estos lugares de virtual presencia se
obtendrá el volumen social que desplaza y se advertirá
con sorpresa la desproporción entre su poder propio y el
que le llega gratuitamente de la atención colectiva. A
todo este conjunto .de síntomas llamo «poder social».

Si esta ampliación de potencialidad estuviera en alguna
relación congruente y clara con el poder propio de cada
persona, el fenómeno no merecería nuestra curiosidad.
Pero ocurre que al preguntarnos quién tiene y quién no
tiene poder social nos encontramos con los hechos más
sorprendentes.

Hay oficios a los cuales va, con aproximada normalidad, adscrita cierta dosis de poder social. La frecuencia
con que hallamos esta adscripción nos hace pensar que es
lógica y bien fundada. Así acaece que en España, por
ejemplo, el hombre político que ha sido gobernante o
está en propincuidad de serlo goza de un enorme poder
social. Cualquier mequetrefe que durante veinticuatro
horas ha asentado sus nalgas en una poltrona ministerial
queda para el resto de su vida como socialmente consa-
grado. Todos los resortes específicamente sociales funcio-
nan en su beneficio. No sólo tiene influencia política en el
Parlamento y en las esferas del Gobierno, sino que al entrar en un baile privado o sentarse a una mesa convivial
parece que es «alguien». Y no disminuye la realidad del
hecho que los presentes tengan de sus dotes individuales
la idea menos favorable. Lo característico de esto que

llamo «poder social» es que existe y funciona, aunque individualmente no queramos reconocerlo. El movimiento íntimo de protesta contra ese injustificado poder, que acaso en nosotros se dispara, no hace sino subrayar la efectividad de su existencia. Por esto es social ese poder: su realidad no depende de la anuencia libre que cada individuo quiera prestarle, sino que se impone al albedrío particular. Rige inexorable la paradoja de que, siendo la sociedad una suma de individuos, lo que de ella emana no depende de éstos, sino que, al revés, los tiraniza.

Este poder social anejo al hombre político no sorprenderá a quien confunda la vida pública del Estado con la vida pública social. Pero, en rigor, el oficio de gobernar es una función, poco más o menos, tan limitada y circunscrita como cualquiera otra. No hay tan clara razón para que a un hombre político se le rindan todos los resortes sociales, que son, en su mayor parte, independientes del Estado. Y la prueba de que no hay un nexo esencial entre ese oficio y el poder social está en el hecho de que la dosis de éste concedida al político varía según las naciones. No creo que exista en Europa otro país —como no sean los balcánicos— donde el político disfrute de poder igual. He aquí un buen ejemplo de las cosas raras que abundan en la vida española y que un extranjero curioso no logra nunca explicarse. Pues el razonamiento que en vía recta inspira ese hecho sólo puede ser el siguiente: si el hombre político goza en España de máximo poder social, será porque es el español un pueblo eminentemente político, preocupado de los asuntos de gobierno, atento y activo en ellos. Todos sabemos que esta consecuencia tan lógica no puede ser más falsa. El pueblo español actúa políticamente mucho menos que cualquiera de los otros grandes pueblos europeos. Y, sin embargo, en Alemania nunca, ni siquiera ahora, ha tenido el hombre político medio —que es de quien estamos hablando— un gran poder social. En la misma Francia, que por su vivaz democracia y la nerviosidad política de casi todos sus individuos se dan las mejores condiciones para que el político tuviese un enorme poder social, no ocurre tal cosa. Tiene, ciertamente, una considerable dosis de esta mística potencia; más que en Alemania, pero mucho menos que en España.

Véase cómo este fenómeno del «poder social» suscita algunos problemas curiosos que justifican su investigación. Pronto hemos tropezado con la sospecha de que en los distintos países va el poder social a clases diferentes de personas. Cabría, pues, estudiar el diferente reparto de ese poder en cada nación. La cuestión no es totalmente ociosa, porque el poder social es una de las fuerzas mayores que integran la organización dinámica de un pueblo.

Téngase en cuenta la fabulosa multiplicación de la influencia personal que él proporciona. Un pueblo es, a la postre, lo que sea el tipo de hombres favorecidos por esa mágica energía. De nada sirve que en una nación existan muchos genios, es decir, individuos de gran poder propio, de efectivo valer. Por superlativo que éste sea, resulta incapaz para producir grandes efectos nacionales: es menester que la masa preste a esos hombres la fuerza gigante del poder social que en su vasto cuerpo anónimo reside.

Así, el exceso de poder social que en España goza el político o el gobernante constituye al pronto un enigma que luego se convierte en una clave luminosa. Es enigmático que en un país como el nuestro, menos político que Francia, se otorgue al hombre de gobierno más poder social. Pero no tardamos en hallar la solución. En Francia —como veremos— se concede gran poder social a otros muchos oficios y clases de hombres: el político, por muy favorecido que se halle, tiene que entrar en concurrencia con estos otros poderhabientes y pierde el rango desmesurado que entre nosotros ocupa. No es, pues, que posea el ex ministro español más fuerza social que el francés, sino que, por ausencia de otras fuerzas parejas, queda monstruosamente destacado.

En cambio, parecería probable que en nuestra tierra el

cura, y sobre todo el alto clero, usufructuase un gran poder social. Sin embargo, no ocurre así, y el matiz de los hechos en este punto descubre un secreto de la dinámica nacional española, según ella es verdaderamente en el tiempo que corre.

II

Si se quiere hacer con algún rigor la topografía del poder social de España, su reparto entre las clases y oficios, se tropieza pronto con un caso de muy difícil apreciación. Me refiero a la Iglesia, es decir, al clero. Las causas de esta dificultad son muchas; mas yo encuentro que la primera de todas consiste en nuestra ignorancia del efectivo papel que la Iglesia juega en la dinámica española. El extranjero que viene a estudiar nuestra nación llega con la idea estereotipada de que la Iglesia domina completamente la existencia peninsular, como en el Tibet o en Arabia. Si es perspicaz, tarda poco en advertir que la realidad no es tan sencilla. Comienza a dudar. Preguntando a unos y a otros consigue únicamente hundirse más en su perplejidad, porque oye sólo opiniones toscas y patéticas, ideas de sacristía o de casino radical. Es lamentable que nadie haya tomado sobre sí esclarecernos sobre los términos de tan importante cuestión. En primer lugar, habría de distinguir, como en una serie de círculos concéntricos, la cuantía del influjo religioso, del influjo católico y del influjo clerical. Luego de venir a un acuerdo sobre la importancia indudable de este último, convendría preguntarse si toda la fuerza que el clericalismo usufructúa en España es propia suya o proviene en no escasa medida de su intervención constante en los actos del Poder público. Como es natural, por el mero hecho de tener su mano en los resortes del Poder público se decuplica el influjo de un partido. Ahora bien:

¿cuál ha sido la relación precisa entre clericalismo y Poder público durante los últimos cincuenta años? No vale responder con fórmulas demasiado simples. Aquí es donde importa acertar. Porque es evidente que el clericalismo ha regulado en España siempre la gobernación; pero, al mismo tiempo, es un hecho que la legislación ha sido inequívocamente liberal. ¿Cómo se compaginan ambas cosas? Si el clericalismo posee el gigantesco poder propio que se le atribuye, ¿cómo ha soportado esa legislación liberal? Por otra parte, es indudable que no ha dejado nunca de la mano al Poder público y que le aterra la posibilidad de verse alejado de él durante cinco minutos.

Una hipótesis, y una sola, puede iniciar el esclarecimiento de este enigma: suponer que el clericalismo tiene mucha menos fuerza auténtica de la que se le atribuye y, por lo mismo, falto de confianza en su propio influjo sobre la sociedad, recurre al Poder público a fin de multiplicarla aparentemente. Por su parte, el Poder público, en virtud de motivos que no es oportuno enumerar, acepta muy a gusto esa tutela; pero careciendo el clericalismo de fuerza suficiente para sostener las instituciones, viene con él a un acuerdo tácito, según el cual se establece cierta dosis de legislación liberal, determinada de una vez para siempre, carne que se echa a las fieras, y se organiza al mismo tiempo la resistencia desde arriba a toda posible ampliación y progreso de ese régimen libre.

La cuestión es gruesa y para hablar de ella con alguna precisión fueran menester muchos párrafos. Si he subrayado la coexistencia de la intervención clerical en el Poder público con una legislación *liberal,* no es porque me parezca el aspecto más sustantivo del problema, sino por ser aquél en que la contradicción es más visible y notoria. Lo que yo diría si hubiese de expresar íntegramente mi pensamiento sería cosa muy distinta, más compleja y más grave. Pero ahora sólo pretendía llamar la atención sobre lo difícil que es, contra las opiniones corrientes, evaluar la fuerza efectiva de la Iglesia en nuestro país. Sin esta precaución parecería demasiado caprichoso decir que el clero en España no tiene apenas poder social. *A priori* hubiéramos dicho que sí y le habríamos atribuido un coeficiente de él casi tan grande como el político. Pero ahí está: no ocurre tal. En el caso del clero, vemos bien que son cosas diferentes el poder social y lo que no lo es. El clero influye mucho en la vida española; sin embargo, el cura, y aun el alto dignatario eclesiástico, «pintan» poco en nuestra convivencia social. Se advierte que en otro tiempo gozaron de enorme predicamento y podemos señalar con el dedo los residuos. En algunos pueblecitos de reducido vecindario —sobre todo en el Norte—, tal vez en alguna capitalita de provincia, el clero posee aún vestigios de su antiguo esplendor social. Pero estos residuos quedan tan localizados, que más bien subrayan su desaparición del gran cuerpo nacional. En cambio, el sacerdote, el fraile, el obispo gozan de brillante situación dentro del grupo clerical. Esta es, a mi juicio, la nota que más se aproxima a la verdad: tienen gran poder de grupo, pero no social. Su predicamento está taxativamente limitado por los ámbitos de un partido, y si dentro de él hacen la lluvia y el buen tiempo, fuera de él, en el aire libre de la sociedad nacional, apenas si tienen papel. Esta desproporción entre lo mucho que son dentro del grupo beato y lo poco que son puestos a la intemperie plantea a los obispos una insospechada dificultad: la dificultad de los gestos. Como suelen vivir reducidos dentro de sus episcopías, en el pequeño mundo de la beatería profesional —y no se presuma ánimo despectivo u hostil bajo esta denominación—, se habitúan a ciertos ademanes y talle que no pueden transportar más allá de la frontera de su ínsula. De modo que los discretos necesitan emplear dos repertorios distintos de gesticulación. Cuando por azar se filtra un gesto de episcopía y monjil más allá de su territorio y cae sobre el gran público, la reacción de éste, su sorpresa y extrañeza miden exactamente la diferencia que hay entre el poder de grupo y el poder social. En cambio, un político puede hacer los gestos que quiera: como individuo nos parecerá un mentecato, pero no extraña, no sorprende su aire de «personaje». Porque, en efecto, queramos o no, el político es en España un personaje y hasta puede decirse que no hay entre nosotros otro modo normal de ser personaje que ser político. (Ya veremos las deplorables y múltiples consecuencias que esto trae.) Tampoco del sacerdote, del fraile, del obispo habla con frecuencia la Prensa y nadie podrá en serio atribuirlo a hostilidad de los periódicos contra el clero. El periódico puede matizar su fervor, pero no puede vivir sin aceptar la realidad social, y como hablan todos los días del político enemigo, podían, si hubiera caso, habituarnos a nombres de curas, de frailes y de obispos. En cambio, si un obispo ejecuta actos políticos inmediatamente le encontramos cada lunes y cada martes en las columnas de los rotativos.

Y ruego al lector anticlerical que no me apunte en el haber lo antedicho como alarde de anticlericalismo, en cuyo caso me repugnaría por lo que tuviese de alarde y lo que ostentase de *anti*. Es prescripción elemental del oficio de escritor no prestar servicio a ningún partido y evitar el apoyo inmundo de todos ellos. Es una prescripción y no lo contrario, una pretensión que quepa tener o esquivar. (Lo inmundo, bien entendido, no es el partido, sino su apoyo al escritor. El escritor tiene que vivir sin apoyos, en el aire, intentando ilusoriamente asemejarse al pájaro del buen Dios y al arcángel, especies ambas con plumas y régimen aerostático.) Déjesele en la limpieza y humildad de su oficio: mira en torno al mundo, oye lo que dicta el hecho,

E quel che ditta va significando.

Nada más.

Esta advertencia, ajena a nuestro asunto, nos reintegra en él invitándonos a pensar sobre cuál sea el poder social del escritor.

III

Hemos visto que en todas partes goza el político de un gran poder social, aunque el coeficiente de esa cuantía varía según los países, llegando en España al máximum. Pero este hecho más bien enturbia que aclara lo que haya de peculiar y sorprendente en el fenómeno del poder social; la influencia de éste sobre los que ejercen el Poder público, sobre los que mandan hoy o mañana, puede hacer pensar que se trata de una reacción utilitaria mediante la cual el hombre medio procura halagar a quien puede favorecerle.

Por esta razón conviene que nos transportemos al otro polo de las actividades humanas, al oficio que menos fuerza material —de mando o dinero— posee: el escritor u hombre de letras y ciencias. La profesión literaria lleva en su misma consistencia la notoriedad para quien lo ejercita con medianas dotes. Como el político, es el escritor consustancialmente hombre público. No cabe ignorarlo. Por otra parte, su acción es puramente virtual; no puede esperarse de ella ningún beneficio terreno. (Los resultados económicos que acaso produzca —la industria editorial— no proceden directamente de la obra, sino de la actitud del público hacia ella. Por eso no es el escritor, sino el editor, quien obtiene el rendimiento mayor en los países donde el libro proporciona algún rendimiento.) Ambas condiciones juntas dan un valor muy puro y característico a la reacción que en una u otra sociedad suscite el gremio literario.

Y, en efecto, hallamos una gran variedad de situaciones. En Francia tiene el escritor un poder social fabuloso. Relativamente, mayor, mucho mayor que el político, si se descuenta la enormidad de poder propio que el oficio de gobernar incluye. Al fin y al cabo, quiérase o no, con el gobernante hay que contar, puesto que interviene en la existencia de cada ciudadano. En cambio, el otorgamiento de poder social al escritor no se origina en imposición ni necesidad ninguna: es una generosa reacción de la sociedad. Cuando hace quince años entraba Anatolio France o Mauricio Barrès en un teatro, en un hotel o en un banquete, los presentes sentían el místico contacto con una fuerza gigantesca. Y no por la persona individual que ellos fueran, sino por hallarse los circunstantes frente a un ser sobre el cual había descargado simbólicamente la sociedad francesa entera el inmenso don de su poder. Sin embargo, France o Barrès eran cimas del paisaje literario, y el comportamiento de la sociedad ante las eminencias, sean del orden que quieran, tiende siempre a ser excepcional. Lo interesante es advertir la atención que la sociedad francesa presta al escritor simplemente distinguido. Le halaga, le mima, le soba, le trae, le lleva, pone a su servicio todos los resortes de la máquina pública. El político teme allí al plumífero, porque sabe que éste maneja una fuerza considerable, fuerza que no es su pluma, sino la atención social a él dedicada. Su pluma es sólo el timoncillo con que puede dirigir hacia uno u otro lado el gran dinamismo público. Y de tal modo se trata de un poder añadido por la sociedad al poder efectivo de la obra literaria, que ni siquiera está en proporción con la popularidad de ésta. Quiero decir que autores cuya obra apenas se vende, por exigir al lector refinamientos que excluyen al gran número, gozan, no obstante, de gigantesca posición.

Muy diferente es el destino del escritor en Inglaterra. Como me falta la visión directa de este país, no podría precisar los matices de su situación, pero me parece muy clara en lo esencial. La sociedad inglesa, como masa total, se ocupa muy poco del literato y apenas si atiende al hombre de ciencia. Uno y otro gozan, pues, de escasísimo poder social. No obstante, su situación no corresponde a la que semejantes condiciones les acarrearían en el continente. La sociedad inglesa no presta atención al escritor ni al hombre de ciencia, pero tampoco la presta al soldado. Pero es que la sociedad inglesa posee una anatomía diferente de las continentales. No es *una* sociedad, sino más bien una articulación de muchas sociedades, cada una de las cuales lleva una existencia relativamente independiente. Si llamamos «círculos sociales» a estas sociedades parciales, a estos segmentos de que se compone el magnífico anélido inglés, diremos que en ninguna parte es tan amplia e intensa la vida en círculo como en las islas. Sería inexacto hablar de grupos o partidos, porque éstos tienen fronteras muy marcadas que los acotan en el gran cuerpo social, al paso que los círculos terminan vagamente, fundiéndose por sus orlas unos con otros. Así, en ese país, donde la gente no se ocupa de la literatura (¿puede llamarse tal la prosa de *magazine?*), existe un círculo de aficionados más vario y atento que en ningún pueblo —salvo Francia—. Lo propio acontece con la ciencia. Ni una ni otra son productos «nacionales», como lo es para Francia la literatura y la ciencia para Alemania; pero el escritor y el científico gozan en la esfera de sus círculos de una posición saludable que, ciertamente, no puede llamarse poder social, pero que tampoco significa su defecto.

El puesto que en Francia ocupa el literato lo usufructúa en Alemania el hombre de ciencia. La producción científica es allí un interés de la nación entera. No sólo se preocupan de ella los que la engendran y la reciben —si bien es fantástico el número de los unos y los otros—, sino también el resto de los ciudadanos. Saben que es la gloria y la fuerza de Alemania. Así se explica que al sobrevenir la terrible crisis económica de la postguerra fue el público, y especialmente el grupo industrial, quien se encargó de asegurar la continuidad de la labor científica sacrificándole buena parte de sus reservas financieras. Al amparo de este predicamento que goza el científico vive el literato en calidad de hermano menor. Su posición es subalterna. Y es que en el fondo de la conciencia alemana yace la secreta convicción de que, al menos en nuestra época, la literatura alemana tiene escaso valor. Si surgiese un grupo de escritores bien dotados veríamos

cargarse el gremio de poder social, como lo tuvo superabundante en tiempos de Goethe. El diagnóstico exacto
fuera decir que la profesión de escritor posee en Alemania casi tanto poder social como en Francia, pero que,
transitoriamente, se halla vacante de figuras reales que la
incorporen con perfección aproximada. La prueba de ello
es que en ninguna parte perviven con pareja actualidad
ciertos escritores del pasado. Goethe, por ejemplo, sigue
siendo una fuerza viva: se le tropieza en cada conversación, en el discurso parlamentario, en el libro científico.
(El respeto del hombre de ciencia hacia las figuras
literarias del pretérito no creo que exista más que en
Alemania.)

¿Y en España? ¿Qué acontece con el escritor en España?

Recuérdese que llamamos poder social a la influencia
que un oficio o persona tiene más allá de la que estrictamente se origina en su acción propia. El influjo del
médico sobre su clientela de enfermos es, como hecho
sociológico, completamente distinto de la consideración
que ese mismo médico goza acaso en el resto no profesional de su vida y relaciones.

Hablemos, pues, primero de cuál es la influencia
directa que el escritor ejerce en España.

No creo que exista entre las civilizadas nación alguna menos dócil al influjo intelectual que la nuestra.
Con ligeras modificaciones en esa o la otra época, puede
decirse que nunca ha atendido al escritor. La vida de la
España moderna representa el original ensayo de soste-
nerse una raza europea y afrontar el destino histórico sin
dejar intervención al pensamiento. Los resultados, hasta
ahora, no han sido muy brillantes; pero el buen español
medio seguirá perdurablemente considerando a la inteligencia como la quinta rueda del carro. Ya es un síntoma
de despego hacia esa facultad del alma contestar irritada-
mente a lo que acabo de decir, sosteniendo que se puede
estimar la inteligencia y, sin embargo, no prestar oídos a
los intelectuales; que no es aquélla un don estancado por

éstos, sino bien común de otras clases sociales, etc. Vale más no intentar el aforo del nivel intelectual que poseen en España —al menos en la de hoy— las clases no intelectuales. Afortunadamente, tampoco es necesario. Convengamos sin esfuerzo en que la inteligencia no es una virtud exclusiva del gremio intelectual; pero es, en cambio, grotesco que un país presuma poseer la dosis imprescindible de aquélla cuando al mismo tiempo se jacta de desatender la obra y persona de los escritores. Ni bastaría la excusa de que los autores nacionales fuesen en esta fecha de escaso valer, porque entonces estaba obligado el pueblo español a nutrirse de la obra extranjera, y si aún ésta parecía a su exquisito paladar manjar grosero, recurrir a los antiguos o a quien fuera. Todo antes que permanecer siglo tras siglo ajena a tema alguno de inteligencia.

El hecho se presenta con tal constancia que ya no reparamos en él y toma el aire de una ley natural a la cual es ridículo poner objeciones. La idea de que un libro influya directa o inmediatamente en la vida pública o privada de los españoles es tan inverosímil que no concebimos la posibilidad de suceso semejante en ningún otro país. Y, sin embargo, fuera del nuestro acontece cotidianamente. ¿Se quiere un ejemplo extremo de ello? Una de las modificaciones más importantes de la vida pública en los Estados Unidos ha sido la recentísima ley de inmigración. Pues bien: esta ley es el resultado fulminante del libro de Madison titulado *La decadencia de la gran raza*. (La obra, como casi todas las que se publican en América, es de una modestia mental superlativa.)

No es cosa de investigar ahora las causas de esta inmunización para el alfabeto que gozamos los españoles. Yo espero que no se buscará la explicación, como de tantas otras peculiaridades ibéricas, en la herencia arábiga. Los árabes han sido los mayores entusiastas del libro, hasta el punto de dividir a los hombres en gentes con libro y gentes sin él. Cuando Mahoma busca el más eficaz encomio de su dios, el atributo que más le adorna y recomienda hace constar que fue él quien «enseñó al hombre a mover el cálamo» (Surata, 96).

Esta carencia, o poco más, de influjo sobre su contorno social proporciona al escritor español algunas ventajas que tal vez no ha sabido aprovechar. Cuando se cree que el párrafo escrito va a tener consecuencias reales, el escritor honrado se siente cohibido en su libertad espiritual. Pensamientos que teóricamente son importantes y certeros pueden causar daños prácticos. Pero el escritor español ha podido entregarse a las exclusivas exigencias de su oficio sin temor a ser nocivo. Ha podido ser pura y rigorosamente veraz. Sin embargo, esta ventaja es inseparable de otro grave peligro. La falta de repercusión en el público, cuando es permanente y completa, da al oficio del escritor un carácter espectral. Lo distintivo de la realidad es producir efectos. Cuando éstos faltan, llega la persona a perder la noción de su propia actividad. No sabe lo que es ni lo que no es. Flota en el vacío sin presiones exteriores que definan sus límites. Si no tiene en sí mismo un fortísimo regulador acabará por creer que lo mismo da decir una cosa que otra, puesto que ambas producen el mismo nulo resultado. En suma: la desatención pública desmoraliza al escritor, induciéndole sin remisión a la irresponsabilidad...

IV

[UN PODER SOCIAL NEGATIVO]

Si es tan menguada que casi es nula la influencia directa del escritor sobre la sociedad española[1], claro es

---

[1] Queda siempre, como no podía menos, otro género de influencia que se produce a la larga y difusamente. Por eso, si la desatención al escritor va inspirada por el deseo de que sus ideas no penetren nunca en la masa social, fracasa en el propósito. A la postre, tarde y confusionariamente, acaba también en España el pueblo por pensar como los escritores. Pero ahora se trata de la influencia mediata, concreta y rápida que es normal en otras naciones.

que no puede gozar de verdadero poder social. Es fácil que algunos literatos se hagan la ilusión de lo contrario, porque el oficio de escritor lleva consigo, dondequiera que se ejercite, y más en un pueblo de no gran volumen, como el nuestro, cierta aureola que puede ser un espejismo. Me refiero a la notoriedad. *Ceteris paribus,* un escritor es más conocido que un ingeniero o que un industrial, que un abogado o que un banquero. Pero un hombre conocido no implica dilatada estimación, ni siquiera conocimiento de la obra y la persona. Los que escribimos somos mucho más conocidos que leídos y más leídos que entendidos y estimados. Y aun conviene calcular muy por lo bajo las dimensiones de esa notoriedad.

Precisamente el tipo de vida que, por carencia de poder social, se ve obligado a llevar el escritor en España, le salva tal vez de una amarga desilusión. Porque, en efecto, vive casi siempre recluso en un mínimo círculo de personas próximas al oficio intelectual, rodeado de una delgadísima película social que intercepta su visión del gran grupo colectivo. Cuando por azar perfora esa película y se encuentra entre gente media descubre con sorpresa que ni él ni los mejores de su gremio son conocidos pocos metros más allá de la habitual tertulia. Y si no literalmente desconocidos, tan vaga y confusamente notorios que fuera preferible la rigorosa ignorancia.

Pero sería inexacto contentarse con decir que el escritor carece en nuestra tierra de poder social. Es forzoso buscar un concepto que con más precisión defina la sorprendente situación del que escribe en España. Yo diría, pues, que el hombre de letras goza en Celtiberia de un poder social negativo. ¿Qué significa esa extraña idea? Simplemente, que para el buen español medio el escritor, como tal, es un hombre de fama, pero, entiéndase bien, de mala fama. Escribir es una forma de avilantez. Al pronto se juzgará que es esto una exageración. Pero téngase la bondad de hacer el siguiente experimento mental. Imagínese que soltamos —es la palabra— a un escritor conocido en una reunión de la burguesía española que no sea, por algún motivo, excepcional, e inténtese con lealtad describir los sentimientos que en aquellas personas suscita su presencia. En el mejor caso, sólo encontraremos inquietud, desasosiego, suspicacia y antipatía, una falta absoluta de comunidad con aquel ente sobrevenido. El experimento queda completo si paralelamente se imagina la escena en Francia, entre otros personajes que sean los correspondientes.

Se me dirá que hay casos de enorme y respetuosa popularidad y se me citará concretamente el constante homenaje de las clases sociales más diversas a un hombre como Ramón y Cajal. Pero yo deploro que este ejemplo me hunda más en lo que por ventura es mi error. Esa excepción, en cierto modo única, que se hace con Ramón y Cajal, trayéndole y llevándole como al cuerpo de San Isidro, en forma de mágico fetiche, para aplacar las iras del demonio Inteligencia, acaso ofendido, es una cosa que no se hace más que en los países donde no se quiere trato normal, próximo y sin magia con los intelectuales. Se escoge uno a fin de libertarse, con el homenaje excesivo e ininteligente a su persona, de toda obligación con los demás. El hecho de ser justamente Ramón y Cajal el elegido acentúa, mejor aún, pone al descubierto casi obscenamente el irrisorio secreto que oculta tan aparente fervor. Porque apenas nadie tiene la más ligera idea de cuáles son las admirables conquistas del ilustre sabio. Por otra parte, la histología es una ciencia tan remota de la conciencia pública, tan neutra y sin color, que parece deliberadamente escogida para la apoteosis por un pueblo que considera la labor intelectual como una superfluidad, cuando no como una fechoría. Si Ramón y Cajal escribiese una sola página que afectase un poco más de cerca al ánimo español, presenciaríamos la ominosa evaporación de su poder social.

Es difícil encontrar en las naciones actuales nada que se parezca a la colocación sociológica del gremio intelectual en España. Vive al margen de la existencia normal colectiva. No se cuenta con él para nada, ni oficial ni privadamente. Al contrario: se descuenta para él un como breve territorio baldío, especie de *Indian Reservation,* donde se le deja extravagar. Porque esto es, en definitiva, lo único que de él se espera: la extravagancia. Añádase a esta existencia marginal, pareja a la que llevaban los leprosos en la Edad Media, la humillante impecuniosidad que sufren casi todas las familias de escritores. En tales circunstancias resulta inevitable, pero no justificado, el tono agrio, violento, chabacano que domina en nuestra producción literaria. Lo sorprendente parecerá que su actitud no sea más desesperada, y lo increíble, que bajo el escritor el hombre sea tan honrado. Porque es preciso hacer constar que la honestidad civil del intelectual español supera acaso a la de casi todos los gremios hermanos triunfantes en otros países. (No es posible decir lo mismo de su honestidad técnica: en general, no pone cuidado, ni mesura, ni elevación, ni rigor en su trabajo.)

Esta irrealidad social de su oficio, que más o menos clara percibe entre nosotros todo escritor, es causa de una peculiaridad que, por su misma constancia, no ha sorprendido cuanto debiera. Me refiero al hecho de que España es el único país europeo donde los intelectuales se ocupan de política inmediata. Fuera de aquí, sólo por excepción se encuentra a un escritor mezclado en las luchas cotidianas de los partidos. Pero aun en esos casos excepcionales cuida muy bien el escritor de separar su labor intelectual de su inquietud política, y cuando esto no, de exigir a sus intervenciones políticas todas las altas virtudes que rigen la obra intelectual. Llevan, pues, su intelectualidad íntegra a la política, al paso que entre nosotros la política más basta y pueril viene a anegar la intelectualidad. De suerte que no se logra la única ventaja que esta confusión de oficios podía traer: que el intelectual elevase el nivel de los debates públicos merced a la superior disciplina de su intelecto. En cambio, pasa que la necedad constitutiva de la política diaria desintelectualiza al escritor. Así acontece el hecho bochornoso de que los escritores españoles vivan separados por sus tendencias políticas —que son siempre las de la calle— más que por discrepancias intelectuales. Ayer fue por una cosa; hoy es por otra; nunca falta el pretexto para que el intelectual mismo, siguiendo la tradición nacional, patee concienzudamente su oficio.

Falto de poder social, busca el escritor una compensación aproximándose al único oficio que goza de él en España. Siente apetito de mando efectivo y quiere ser político.

La consecuencia de todo esto ha sido deplorable. Porque es el caso —aunque se juzgue contradictorio de lo antedicho— que España llega a un recodo histórico en el cual sólo puede salvarla, políticamente, la seria colaboración de los intelectuales. Se ha llegado a una sazón en que es preciso inventar nuevos destinos y nueva anatomía para nuestro pueblo. ¿Se cree que puede hacerse esto sin el gremio de las ciencias y las letras? Me parece ilusorio. A estas alturas de los tiempos, cuando vivimos en sociedades viejas y complejas, no se puede inventar historia por puro golpe de vista. Hace falta una técnica de la invención, hace falta «tener oficio», escuela, preparación de intelecto. De otra manera sólo se propondrán soluciones primarias, toscas, de mesa de café.

Si los intelectuales españoles hubiesen sido fieles a la ley de su oficio sólo ellos poseerían hoy una verdadera política, un proyecto de vida nacional en grande, una norma pública a la vez elevada y compleja. Y es probable que por vez primera la sociedad volviese hacia ellos los ojos, ya que no de grado, forzada por las circunstancias.

No puede ser más desdichada de lo que es la posición del escritor en la sociedad española. Se le exigen todas las virtudes y, encima de ellas, ese don maravilloso, delicadísimo, que es el talento. En cambio, no se le concede nada, y menos que todo lo demás, atención. Sin embargo, creo que fuera un error considerar como el ideal la posición contraria, tal y como suele ser otorgada al escritor en Francia. Pienso que un intelectual de profunda y auténtica vocación repugnará siempre ese exceso de sobo colectivo, ese amanerado culto que le rinde el contorno y amenaza con cegar el manantial de su espontaneidad, con reblandecer el rigor de su interna disciplina. Sometido a tanto miramiento, se deforma con frecuencia el escritor francés hasta adquirir una psicología de tiple.

Conviene que el intelectual no crea demasiado en sí mismo. Después de todo, lo más bello que hay en la inteligencia, lo que la distingue de otras calidades más toscas —como la belleza física, la fuerza, la nobleza genealógica o el dinero—, es que siempre es problemática. Nunca se sabe de cierto si se tiene o no inteligencia. Lo más que puede asegurarse es que la ha tenido uno hace un momento, pero ¿ahora, en este instante que viene, en esta frase que se comienza?... El hombre inteligente ve constantemente a sus pies abierto e insondable el abismo de la estulticia. Por eso es inteligente: lo ve y retiene su pie cautelosamente.

V

[EL DINERO]

Lo dicho hasta aquí va dibujando una clara contraposición entre España y Francia por lo que toca al poder social. Esta contraposición no consiste tanto en que Francia otorgue poder social a unos oficios y España a otros, sino en algo más importante. Francia es el país donde mayor número de actividades diferentes reciben la aureola del prestigio público. España es el país en que casi nadie —ni como individuo ni como representante de un oficio— goza de ella. Esto significa taxativamente que la sociedad española es mucho menos compacta y elástica, por lo tanto, mucho menos sociedad que la francesa. Verdad es que en este punto culmina Francia sobre todos los pueblos. La nación entera vive y absorbe cuanto acontece en cada una de sus partes. Muy pocas cosas quedan recluidas en su rincón, sin irradiar sobre el resto del cuerpo público. El francés del Norte participa de la vida meridional, la convive, como el hombre de la Provenza se sabe muy bien su Bretaña y su Normandía. El escritor puede acercarse al militar seguro de que éste tiene una idea bastante minuciosa de su obra, y, viceversa, el militar cuenta con que el escritor conoce suficientemente sus faenas de Siria o del Sahara. Lo propio acontece con el industrial, con el cosechero, con el político. Cuando un francés hace algo que sobresalga un poco, sea del orden que sea, conquista automáticamente la fama. No creo que haya ningún otro país donde el individuo medio tenga en la cabeza tantos nombres de compatriotas famosos. Viceversa, podría decirse, forzando la exactitud, para acusar mejor la realidad, que casi todos los franceses son famosos. Me parece una tontería atribuir este fenómeno a la vanidad gala, que se complace en exagerar el valor de sus hombres, ni tampoco a la vieja historieta de la cucaña en que los franceses entusiasmados aúpan a su conciudadano, favoreciendo su ascensión. El hecho es más hondo e importante que lo supuesto en esas explicaciones. En primer lugar, famoso no quiere decir ni más ni menos valioso. Famoso es todo aquel de quien se habla en amplios círculos. Y hay una fama negativa; por ejemplo: la del criminal. Ahora bien, es característico de Francia la popularidad que adquieren sus criminales. Landrú llegó a ser un héroe nacional, se entiende un héroe negativo. No se dirá que esta atención, esta curiosidad hacia aquel asesino procede de vanidad nacional. Es, simplemente, que a toda Francia le interesa cuanto acaece en un punto cualquiera de sí misma. Vive —como el alma— toda en cada una de sus partes. Nada deja de aprovecharse socialmente, ni lo bueno ni lo malo. No hay desperdicio. ¿Quién duda que ésta ha sido una de las grandes fuerzas que han hecho posible la riqueza y continuidad sin par de la historia francesa? Merced a ella esta raza, que en ningún orden es genial, ha logrado dar un máximum de rendimiento. Cuanto en ella acontece es, desde luego, social, o lo que es lo mismo, queda multiplicada su eficiencia por el volumen entero de la colectividad.

En España presenciamos la escena contraria. Si apenas nadie tiene entre nosotros poder social se debe a que nuestra sociedad es laxa, sin elasticidad, sin comunicación entre sus trozos. De un cañonazo que se dispara en un barrio no se entera nadie en el próximo. Sería preciso disparar el cañonazo dentro del oído de cada español para lograr que la sociedad española se enterase de que ahí fuera había tiros. Y no es la envidia ni el tan repetido «individualismo» causa profunda de esto. Es la falta de curiosidad y de afán de enriquecer nuestra vida con la del prójimo. El militar vive sumido en su cuarto de banderas como en una escafandra. No tiene la menor idea de lo que acontece en la escafandra de las letras o de la industria. Hace muchos años, recuerdo haber descrito la sociedad española como una serie de compartimientos estancos. Cada provincia, por ejemplo, vive hacia dentro de sí misma, absorta y abstracta del resto de la nación. Se trata, pues, de una estructura social morbosa, porque hace de España una sociedad de disociados. Este es el mal profundo que late y subsiste cien codos más hondo que todos los conflictos, luchas y desórdenes políticos o religiosos.

Ahora, creo yo, se manifiesta el sentido de estas consideraciones sobre el poder social. La falta de generosidad para otorgarlo que nuestra sociedad revela es gravemente nociva para ella misma. Cada oficio desatendido socialmente señala una faceta de humanidad que nuestro pueblo deja de vivir. Si resulta que casi todos los oficios son desatendidos, dígaseme qué repertorio normal de ideas y fervores, de saberes y de normas reside en el alma del español medio.

No se me diga que estas advertencias emanan de un preconcebido pesimismo. Todo lo contrario. La pulcra descripción de este enorme defecto muestra, a la par, que no hay en él factor alguno irremediable, fatal; antes bien, actúa de manera automática en su corrección, despertando en el lector la tendencia a subsanarlo.

Ello es que hasta ahora sólo hemos encontrado un oficio favorecido en España con poder social: el político. Si buscamos más, temo que sólo hallaremos otra fuerza que a su propia eficiencia añada la que espontáneamente surge de la sociedad: el dinero.

El poder social del dinero no es peculiar de nuestro pueblo, sino un hecho capital de la época vigente. No se diga que de todas las épocas, porque es falso. En la Edad Media, como ahora, el dinero lo tenía el judío. Como ahora, había entonces que contar con éste, y, sin embargo, no tenía ningún poder social. Menos aún: el judío quedaba en una posición negativa, infrasocial. Hoy el dinero se ha adueñado del mundo y, dentro del mundo, de España. No obstante, es preciso reconocer un ligero matiz a favor nuestro. El español dedica menos entusiasmo al oro que otras razas. Quien conozca los secretos del alma española dudará siempre y *a limine* de la interpretación que se dio en Europa a las hazañas de nuestros conquistadores. Sajones y franceses titularon aquella formidable y loca empresa «La sed de oro». Yo sospecho que la verdad es más bien inversa. Porque el europeo de entonces —comienzo de la era capitalista— sentía una fabulosa sed de oro, según luego se ha demostrado, no podía imaginar que aquellos españoles cumpliesen sus hazañas por otros motivos. Y el caso es que ya entonces las barras de oro llegaban en los galeones a Sevilla, donde eran cargadas sobre los lomos de unos mulos que tomaban derechos el camino de Francia.

Con ser grande el poder social del dinero, en los ámbitos peninsulares es incomparablemente menor que en otros países; por ejemplo, que en Norteamérica.

Leo en un libro reciente: «En ninguna parte como en Norteamérica se habla tanto y tan descaradamente de dinero. En la calle, en la reunión, en el club gira siempre la conversación sobre la riqueza. Cada cual manifiesta, sin pudor alguno, cuántos dólares ha "hecho" en el año, en el mes. *Succès* significa siempre triunfo económico. La pregunta "¿cómo le va a usted?" es referida siempre a la situación económica del momento. Fulano "vale" medio millón de dólares; Zutano, sólo cien mil. Todo se expresa en moneda; en los periódicos pululan los dólares; un nuevo edificio es una construcción de un millón; un fuego es un fuego de un millón; una lluvia fuerte es una lluvia de un millón de dólares y un cuadro es un Tiziano de cien mil dólares.»

El rico destaca sobre la masa, es su ideal y modelo. La escala de valores sociales radica exclusivamente en el éxito económico. No existen otras maneras de distinguirse. La ambición encuentra como único medio de satisfacerse el enriquecimiento; en cambio, este medio está abierto a todos y es de todos entendido.

No hay concesión de patentes de nobleza, no hay títulos ni honores. La carrera política tiene poco prestigio, sobre todo dentro de cada Estado, y consecuentemente carece de atracción. Dedicar la vida a un *otium cum dignitate* no da posición social; antes al contrario, es cosa mal mirada. En cambio, *the man who made his pile* («el hombre que hace su agosto») goza de respeto, de prestigio como en ninguna otra parte. Todo el mundo se inclina ante él como no se inclina nadie en Europa ante los representantes de la más antigua nobleza. El rico es el centro del interés público: le persigue la curiosidad y la atención general; se encuentra su nombre constantemente en las Society New; se investigan las menudencias de su vida. Existe toda una literatura sobre los ricos y éstos mismos creen demasiado a menudo que es su deber contar su vida, describir su ascensión de la nada ante la muchedumbre estupefacta. En torno a estas figuras se forma todo un mito y «llegará un día en que sea tan difícil saber la verdad pura sobre Ford como lo es saberla sobre Cromwell, Napoleón o Washington»[1].

---

[1] Pound: *The iron man in industry,* pág. 76, 1922. Alfred Rühl: *El sentido económico en América,* págs. 46 y 53, 1927.

Me interesan estas palabras por dos razones. En primer lugar, contienen una buena descripción de lo que llamo poder social. En segundo lugar, nos sirven como término de comparación para calcular la cantidad de éste que va en España aneja al dinero[1].

---

[1] [Estas páginas sobre «El poder social», aparte esclarecer el caso de España, abordan temas sociológicos que Ortega desarrolló luego en su obra —póstuma— *El hombre y la gente,* publicada en esta colección. En el plano político, una prolongación y consecuencia de las ideas contenidas en *España invertebrada* pueden hallarse en el libro de Ortega titulado *La redención de las provincias,* reimpreso en la colección El Arquero.]